Jonas Kozinowski

MEIN FUßBALLQUIZ
300 Fragen für echte Fußballfans

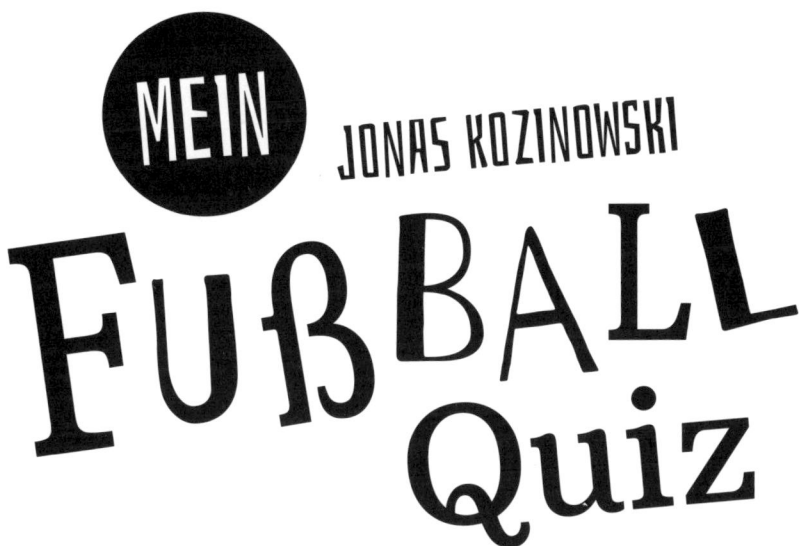

MEIN

JONAS KOZINOWSKI

FUßBALL
Quiz

300
FRAGEN FÜR ECHTE
FUßBALLFANS

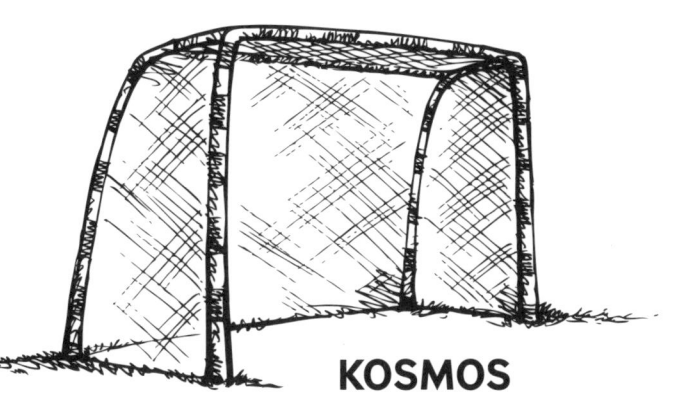

KOSMOS

IMPRESSUM & BILDNACHWEIS

Umschlaggestaltung von Andrea Köhrsen basierend auf der Gestaltungslinie von Sabine Reddig unter Verwendung folgender Bilder:
Creativa Images/shutterstock.com (Fußball/Schuh); bg_knight/shutterstock.com (Schiedsrichter); fifg/shutterstock.com (WM-Pokal); Sailom/shutterstock.com (Torwart/Hände); Maxisport/shutterstock.com (Lionel Messi)

Mit Icons von: A-spring/shutterstock.com (Trillerpfeife, Pokal, S. 28, 253); graphixmania/shutterstock.com (Stoppuhr, S. 9, 12, 16, 54, 124, 140, 209, 211); supanut piyakanont/shutterstock.com (Stadion, S. 29, 99, 155)
Weitere Illustrationen / shutterstock.com: ArtMari (S. 3, 168); Vector Tradition (S. 5, 168); Kanate (S. 6, 18, 19, 34, 77, 90, 92, 130, 150, 198, 243); Dlanid (S. 15); Ganzaless (S. 31, 41); Thomas Bethge (S. 32); eakgaraj (S. 33, 37, 102); Leremy (S. 48, 50, 60, 70, 71, 82, 108, 161, 162, 200, 231); 360b (S. 120); Sergii Syzonenko (S. 143)
Mit Fotos von: katatonia82/shutterstock.com (S. 66); Maria Rossbauer/picture alliance/dpa (S. 67); andrea crisante/shutterstock.com (S. 142); KarSol/shutterstock.com (S. 143)

Unser gesamtes lieferbares Programm und viele weitere Informationen zu unseren Büchern, Spielen, Experimentierkästen, Autoren und Aktivitäten findest du unter **kosmos.de**

Gedruckt auf chlorfrei gebleichtem Papier

© 2022, Franckh-Kosmos Verlags-GmbH & Co. KG,
Pfizerstraße 5–7, 70184 Stuttgart
Alle Rechte vorbehalten
ISBN 978-3-440-17316-9

Redaktion: Teresa Baethmann
Gestaltung und Satz: Andrea Köhrsen
Produktion: Verena Schmynec
Druck und Bindung: GGP Media GmbH, Pößneck
Printed in Germany / Imprimé en Allemagne

INHALT

ANPFIFF!

Der Ursprung des Fußballs

Ganz genau kann man gar nicht
sagen, wer das Fußballspielen in
seiner Urform erfunden hat.

Das Spiel, das du kennst und das
überall auf der Welt auf Bolzplätzen
und in Stadien gespielt wird, ist
noch keine 160 Jahre alt.

Dass Menschen das erste Mal gegen
einen Ball getreten haben, hat aber
schon vor einigen tausend Jahren
stattgefunden.

1. **AUF WELCHEM KONTINENT WURDE VERMUTLICH DAS ERSTE FUSSBALL-ÄHNLICHE SPIEL GESPIELT?**

A) *Europa*

B) *Asien*

C) *Mittelamerika*

2. **WOHER HAT DAS BALLSPIEL »POK-TA-POK« SEINEN NAMEN?**

A) *Vom Geräusch beim Aufprallen des Balls*

B) *Der Name bedeutet »von Tor zu Tor«*

C) *Von einer Gottheit*

3. **WELCHE BEIDEN VÖLKER SPIELTEN DEN ERSTEN FUSSBALL IN EUROPA?**

A) *Polen und Deutsche*

B) *Spanier und Engländer*

C) *Griechen und Italiener*

4. **IN CHINA WURDE WOHL EINE DER ERSTEN FUßBALL-ARTEN GESPIELT. WIE HIEß SIE?**

A) *Cuju*

B) *Xulu*

C) *Zulu*

5. **WOMIT WAREN DIE BÄLLE DES CHINESISCHEN FUßBALL-VORGÄNGERS URSPRÜNGLICH GEFÜLLT?**

A) *Mit Haaren und Federn*

B) *Mit Kork*

C) *Mit Blättern*

6. **WIE VIELE SCHÜLER SIND AN DER CHINESISCHEN FUßBALLSCHULE »EVERGRANDE« EINGESCHRIEBEN?**

A) *1.000*

B) *2.000*

C) *Über 2.500*

7. EINE FRÜHE JAPANISCHE FUSSBALL-ART HEISST »KEMARI«. DIE KÖRPERHALTUNG DER SPIELER WAR INSPIRIERT VON ...

A) *Buddhistischen Mönchen*

B) *Sumo-Ringern*

C) *Samurai-Kriegern*

8. WER DURFTE IN DER ANFANGSZEIT DES KEMARI ALS SPIELER ANTRETEN?

A) *Nur Adlige*

B) *Nur Soldaten*

C) *Nur einfache Bauern*

9. WO WIRD DAS SPIEL »SEPAK TAKRAW«, EINE WEITERENTWICKLUNG DES KEMARI, GESPIELT?

A) *Auf einem normalen Fußballfeld*

B) *Auf einem Badmintonfeld*

C) *Im Wohnzimmer*

10. DIE GRIECHISCHE URFORM DES FUẞBALLS WURDE »HARPASTON« GENANNT. WAS BEDEUTET DAS ÜBERSETZT?

A) *Schnell rauben*

B) *Gezielt kicken*

C) *Gemeinsam angreifen*

11. DIE ITALIENER WANDELTEN DAS GRIECHISCHE HARPASTON ZU IHRER EIGENEN FUẞBALL-ART UM. WIE HEIẞT SIE?

A) *Pallamano*

B) *Ginnastica*

C) *Calcio*

12. WOHER STAMMT DER BEGRIFF »EIN TOR SCHIEẞEN«?

A) *Früher wurde auf Bauernhöfen auf Stalltore geschossen*

B) *Früher war das Ziel beim Fußball das Stadttor der gegnerischen Mannschaft*

C) *Der Begriff bezieht sich auf den germanischen Gott Thor*

13. WELCHE KONSEQUENZ HATTE ES, DASS IM 15. JAHR-HUNDERT IN ENGLAND AUCH AUF DORFPLÄTZEN FUßBALL GESPIELT WURDE?

A) *Kirchenfenster wurden vergittert*

B) *Bauernmärkte mussten ausfallen*

C) *Der Linksverkehr wurde eingeführt*

14. WELCHE AUSSAGE ÜBER DEN MITTELALTERLICHEN FUßBALL STIMMT?

A) *Es gab damals schon Sportwetten*

B) *Man durfte Pferde ins Tor stellen*

C) *Er wurde mehrfach komplett verboten*

15. WELCHE SPORTART WIRD ALS »BRUDER DES FUßBALLS« BEZEICHNET?

A) *Ringen*

B) *Dauerlauf*

C) *Rugby*

16. IM ENGLISCHEN GIBT ES ZWEI BEGRIFFE FÜR FUßBALL: »FOOTBALL« UND »SOCCER«. WAS IST DER UNTERSCHIED?

A) *Nur Profifußball wird »Soccer« genannt*

B) *»Football« wird nur in der Halle gespielt*

C) *Es gibt keinen Unterschied, es sind nur verschiedene Begriffe*

17. IM SPANISCHEN WIRD FUßBALL »FÚTBOL« GENANNT. WELCHES SPANISCHE WORT FÜR FUßBALL GIBT ES NOCH?

A) *Balompié*

B) *Balombalom*

C) *Piélomba*

18. WARUM WURDEN DIE ERSTEN MODERNEN FUßBALL-SPIELE UM 1900 IN MEXIKO HAUPTSÄCHLICH VON ARBEITERN IN FIRMEN GESPIELT?

A) *Es war ein Ausgleich zur harten Arbeit*

B) *Um den Arbeitern Teamwork beizubringen*

C) *Es wurde um die Höhe der Löhne gespielt*

VON WELCHER INSEL STAMMT DER MODERNE FUßBALL?

Fußball ist ein Massenphänomen. Ständig gibt es technische Neuerungen wie zum Beispiel schnellere und leichtere Bälle, aber auch neue und professionelle Technik, um das Training zu verbessern. Und obwohl es so viele Entwicklungen gibt, spielen viele Millionen Menschen auf der ganzen Welt nach denselben Regeln. Denn der Fußball als Mannschaftssportart hat einen ganz klaren Ursprung und wird im Grunde immer noch so gespielt wie vor rund 160 Jahren.

Fußball als Mannschaftssport wurde im 19. Jahrhundert auf einer riesigen europäischen Insel erdacht: Großbritannien. Von dort verbreiteten sich das Spiel und die Regeln auf das nahe gelegene europäische Festland – also auch nach Deutschland. Britische Seefahrer nahmen das neue Freizeitvergnügen aber auch mit nach Südamerika. Der Fußball eroberte die Welt.

MIT WELCHER SPORTART IST FUSSBALL ENG VERWANDT?

Fußball hat denselben Ursprung wie Rugby. Für beide Sportarten entstanden die ersten Regeln ungefähr zur gleichen Zeit in England, nämlich Mitte des 19. Jahrhunderts. Bei beiden Sportarten treten zwei Mannschaften gegeneinander an und versuchen, einen Ball in die Endzone (die beim Fußball durch das Tor markiert wird) zu befördern. Beim Rugby geht es allerdings deutlich ruppiger zu: Die Spieler dürfen sich gegenseitig schubsen, blocken und festhalten. Außerdem wird der Rugby-Ball in der Regel getragen oder geworfen. Schüsse nutzen die Spieler nur in seltenen Fällen.

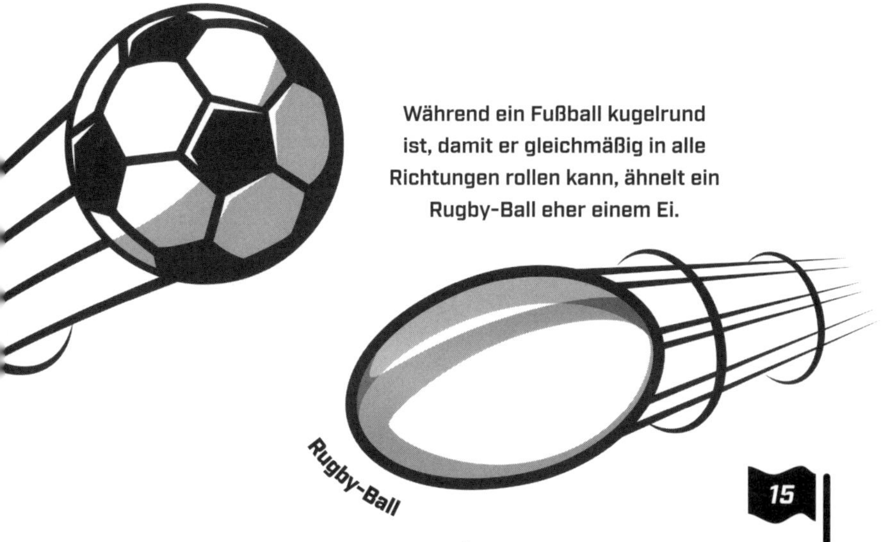

Während ein Fußball kugelrund ist, damit er gleichmäßig in alle Richtungen rollen kann, ähnelt ein Rugby-Ball eher einem Ei.

Rugby-Ball

15

19. WO WURDEN 1848 DIE ERSTEN FUSSBALLREGELN NIEDERGESCHRIEBEN?

A) *Im Tower of London*

B) *Im Pub »The George Inn«*

C) *In der Universität Cambridge*

20. WAS WAR IN DEN ERSTEN FUSSBALLREGELN VON 1848 NOCH ERLAUBT?

A) *Einen Gegenspieler festhalten*

B) *Einem Gegenspieler ein Bein stellen*

C) *Den Ball mit der Hand fangen*

21. MIT DER GRÜNDUNG DES BRITISCHEN FUSSBALL-VERBANDS 1863 WURDEN DIE REGELN OFFIZIELL FESTGELEGT. WAS WURDE DABEI VERBOTEN?

A) *Kopfball*

B) *Treten des Gegenspielers*

C) *Torjubel*

22. WELCHE MODERNE FUßBALLREGEL GAB ES SCHON IN DEN REGELN VON 1863?

A) *Abseits*

B) *Rückpassregel*

C) *Auswechslungen*

23. SCHON EIN JAHR NACH ERSTELLUNG DES ERSTEN REGELWERKS WURDE ES WIEDER ANGEPASST. WAS ÄNDERTE SICH 1864?

A) *Hosen mussten länger sein*

B) *Die Spielzeit wurde verkürzt*

C) *Alle Spieler sollten gleichaltrig sein*

24. WO FAND 1872 DAS ERSTE OFFIZIELLE FUßBALL-LÄNDERSPIEL STATT?

A) *In London*

B) *In Liverpool*

C) *In Glasgow*

WIE KAM DER FUSSBALL NACH DEUTSCHLAND?

Als im 19. Jahrhundert die ersten Regeln aufgestellt waren und damit der moderne Fußball endlich geboren war, dauerte es nicht lange, bis er seinen Weg von Großbritannien nach Deutschland fand. Schon rund zehn Jahre nach Erstellung der ersten Regeln wurde auch in Deutschland gekickt.

Dabei verbreitete sich der Fußball eher zufällig in der Welt. Es gab keine Organisation, die im offiziellen Auftrag diese Ballsportart auch in Deutschland bekannt machen sollte. Das geschah alles eher durch das private Interesse Einzelner. Jemand sah auf einer Auslandsreise das neue Spiel oder durfte sogar mitkicken. Wenn er dann mit dem Fußballfieber infiziert war, nahm er die Idee mit nach Hause, um sie dort zu verbreiten. Der Fußball suchte sich also gewissermaßen selbst seinen Weg, sich bekannt zu machen.

WO WURDE ANFANGS FUßBALL GESPIELT?

Wer sich heute in deutschen Städten und Dörfern umschaut, findet an vielen Orten Plätze, auf denen Fußball gespielt wird. Egal, ob gepflegte Rasenplätze, Aschefelder oder Fußballfelder aus Kunstrasen. Und neben diesen offiziellen Vereinsplätzen finden sich an vielen Orten Bolzplätze, »Fußballkäfige« oder auch einfach nur Tore auf großen Wiesen. Fußball kann fast überall gespielt werden.

Das war zu Zeiten des ersten Fußballs in Deutschland natürlich noch lange nicht so. Sport wurde damals entweder in einigen Vereinen, beim Militär oder in Schulen betrieben. Freizeitsport oder auch Trendsportarten wie heutzutage gab es damals noch nicht. Sport einfach nur zum Zeitvertreib oder als Hobby? Darin sahen viele Menschen keinen Sinn. Auch deshalb wurde der erste Fußball ausschließlich im Schulunterricht gespielt.

25. WER SORGTE FÜR DAS ERSTE FUSSBALLSPIEL AUF DEUTSCHEM BODEN?

A) *Hauptmann*

B) *Schreiner*

C) *Koch*

26. 1875 ENTSTANDEN DIE ERSTEN DEUTSCHEN FUSSBALLREGELN. WER WURDE DARIN ALS »FUSSBALLKAISER« BEZEICHNET?

A) *Die Spielführer*

B) *Die Trainer*

C) *Franz Beckenbauer*

27. FUSSBALL WAR ANFANGS NUR EIN SPIEL FÜR DIE JUNGS. WELCHE NEUE SPORTART WURDE DAMALS FÜR DIE MÄDCHEN AUSERKOREN?

A) *Wasserball*

B) *Schach*

C) *Basketball*

28. NEBEN DEN SCHULEN WURDEN BALD VEREINE ZUM ZENTRUM DES FUßBALLS IN DEUTSCHLAND. WIE HEIßT DER ÄLTESTE DEUTSCHE FUßBALLVEREIN?

A) *FC Bayern München*

B) *DSC Arminia Bielefeld*

C) *BFC Germania Berlin*

29. AUCH IN KARLSRUHE WURDE FRÜH GEKICKT. WIE HEIßT DER ERSTE KARLSRUHER FUßBALLVEREIN?

A) *Karlsruher SC*

B) *Karlsruher FV*

C) *Karlsruher SV*

30. WELCHER FUßBALLVEREIN IST DER ÄLTESTE IN HESSEN?

A) *SG Eintracht Frankfurt*

B) *1. Hanauer FC*

C) *FSV Mainz*

WER BRAUCHT IM FUẞBALL EINEN VERBAND?

Wer sich beim Kopfball eine Platzwunde zugezogen hat, braucht schon einmal einen Verband, um die Wunde zu versorgen. Davon ist aber nicht die Rede, wenn es um Fußballverbände geht. Ein Verband ist eine Organisation, in der sich viele verschiedene Mitglieder zusammengefunden haben. Sie einigen sich auf gemeinsame Regeln und darauf, dass die Einhaltung überprüft wird. So können sich alle Mitglieder sicher sein, dass sie nach derselben Grundstruktur ihrer Sache nachgehen. Im Fußball zum Beispiel wissen alle Spieler eines Verbands, dass sie nach den komplett selben Regeln spielen. So kann es nicht passieren, dass die eine Mannschaft ihre Spiele 90 Minuten lang austrägt und eine andere nur 70 Minuten lang.

Verbände regeln nicht nur das Fußballspiel. In Deutschland gibt es zum Beispiel Verbände für Dachdecker, für Tierzüchter oder für Musiker. Auch von diesen Verbänden werden die jeweiligen Regeln und Strukturen festgelegt.

NORDDEUTSCHER FUẞBALL-VERBAND:

1. Schleswig-Holstein
2. Hamburg
3. Niedersachsen
4. Bremen

WESTDEUTSCHER FUẞBALLVERBAND:

5. Westfalen
6. Niederrhein
7. Mittelrhein

SÜDWESTDEUTSCHER FUẞBALLVERBAND:

8. Rheinland
9. Saarland
10. Südwest

WAS IST DER DFB?

DFB ist die Abkürzung für Deutscher Fußball-Bund. Jeder Fußballspieler und jede Fußballspielerin in Deutschland muss Mitglied im DFB werden, um an offiziellen Spielen teilnehmen zu können. Der DFB legt unter anderem die Regeln für die Spiele fest. Er bestimmt auch, wann und wo die Spiele stattfinden – von der Bundesliga bis zu den Jugendspielen. Weil das nicht von einem Ort aus für ganz Deutschland organisiert werden kann, ist der DFB in 21 Landesverbände unterteilt. Jeder Landesverband ist für einen bestimmten Bereich Deutschlands zuständig.

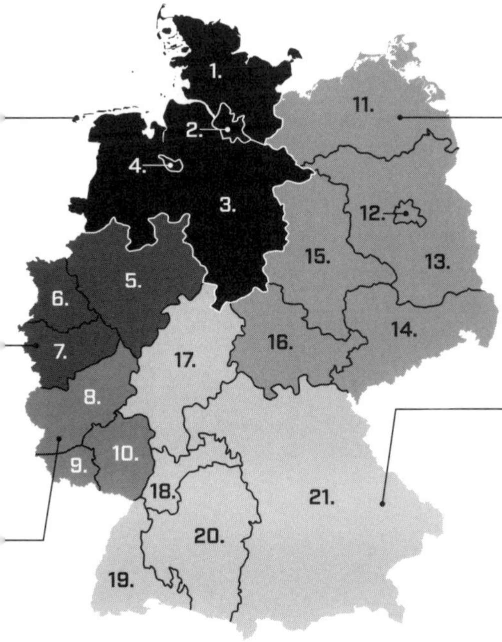

NORDOSTDEUTSCHER FUßBALLVERBAND:

11. Mecklenburg-Vorpommern
12. Berlin
13. Brandenburg
14. Sachsen
15 Sachsen-Anhalt
16. Thüringen

SÜDDEUTSCHER FUßBALL-VERBAND:

17. Hessen
18. Baden
19. Südbaden
20. Württemberg
21. Bayern

31. WAS HAT DER DFB MIT EINER KNEIPE IN LEIPZIG ZU TUN?

A) *Hier wurde der Verband gegründet*

B) *Der Deutsche Fußball-Bund wollte die Kneipe schließen lassen, weil sie den Namen »DFB« trug*

C) *Hier feiert traditionell der deutsche Meister*

32. WAS REGELT DER DFB?

A) *Die Belegung der Fußballplätze*

B) *Die Ausbildung von Schiedsrichtern*

C) *Die Entwicklung von neuen Fußballschuhen*

33. WO LIEGT DIE ZENTRALE DES DFB?

A) *In Berlin*

B) *In Hoffenheim*

C) *In Frankfurt am Main*

34. WELCHER VEREIN GEHÖRTE NICHT ZU DEN GRÜNDUNGSMITGLIEDERN DES DFB?

A) *Frankfurter FC*

B) *Karlsruher FV*

C) *FC Bayern München*

35. WANN WURDE DIE ERSTE DEUTSCHE MEISTERSCHAFT AUSGETRAGEN?

A) *1901*

B) *1902*

C) *1903*

36. WAS WAR DER GRUND DAFÜR, DASS DER KARLS-RUHER FV NICHT ZUM HALBFINALE UM DIE ERSTE DEUTSCHE MEISTERSCHAFT ANTRETEN KONNTE?

A) *Ein entlaufenes Löwenbaby*

B) *Ein gefälschtes Telegramm*

C) *Ein geplatzter Fußball*

37. WER GRÜNDETE DAS ERSTE BRITISCHE FRAUEN-FUßBALL-TEAM?

A) *Nettie Honeyball*
(auf Deutsch: »Honigball«)

B) *Nettie Shoeshoot*
(auf Deutsch: »Schuhschuss«)

C) *Nettie Greenfield*
(auf Deutsch: »Grünfeld«)

38. WELCHE NATIONEN TRUGEN DAS ALLERERSTE LÄNDERSPIEL IM FRAUENFUßBALL AUS?

A) *England und Schottland*

B) *England und Deutschland*

C) *England und Frankreich*

39. WANN GRÜNDETE DIE FRANKFURTERIN LOTTE SPECHT DEN ERSTEN FRAUENFUßBALLVEREIN IN DEUTSCHLAND?

A) *1921*

B) *1930*

C) *1975*

40. **IN DEN 1950ER-JAHREN GAB ES IMMER MEHR FRAUEN, DIE SICH IN TEAMS TRAFEN, UM FUSSBALL ZU SPIELEN. WIE REAGIERTE DER DFB 1955 DARAUF?**

A) *Er führte die erste Frauen-Bundesliga ein*

B) *Er stellte spezielle Fußballregeln für Frauen auf*

C) *Er verbot den Vereinen, Frauen- mannschaften zu gründen*

41. **WANN FAND DAS ERSTE FUSSBALL-LÄNDERSPIEL EINER DEUTSCHEN FRAUEN-NATIONALMANNSCHAFT STATT?**

A) *1956*

B) *1975*

C) *1992*

42. **WIE VIELE SPIELE TRUG DIE FRAUEN-NATIONAL- MANNSCHAFT DER DDR AUS?**

A) *1*

B) *54*

C) *73*

WARUM IST FUSSBALL DIE NR. 1?

Keine andere Sportart wird in Deutschland so häufig gespielt wie Fußball. In den Vereinen tummeln sich Millionen Fußballspielerinnen und Fußballspieler. An jeder Ecke wird gekickt und auch im Sportunterricht freuen sich die meisten, wenn Fußball auf dem Programm steht. Warum das so ist und nicht beispielsweise Mini-Golf der beliebteste Sport in Deutschland ist, lässt sich nicht ganz eindeutig beantworten.

Klar ist, um Fußball zu spielen, braucht es nicht viele Dinge: einen Ball, eine freie Fläche und irgendetwas, das als Tor herhalten kann. Dass man mal eben auf einem kleinen Hof mit zwei Wasserflaschen als Torpfosten kicken kann, macht Fußball eben so einfach. Und vielleicht ist er deshalb auch so beliebt.

Dazu kommen natürlich noch die große Aufregung um diesen Sport und der Hype, den er mittlerweile auslöst. Denn schon allein weil so viele Menschen in die Stadien strömen oder sich zum Public Viewing treffen, sind Fußballspiele natürlich interessant. Da möchte man dabei sein und möglichst nichts verpassen.

WANN KANN ICH FUßBALL GUCKEN?

Wenn man möchte, kann man sich fast jeden Tag
Fußballspiele live ansehen. In den Anfängen des
Fernsehens gab es nur sehr wenige Sender. Damals
waren Fußballspiele, die live im TV übertragen
wurden, eine Seltenheit. Das hat sich heute radikal
geändert. Am Wochenende wird jedes einzelne
Spiel der Bundesliga live übertragen. Genauso wie
die Spiele der 2. und 3. Liga. Auch von der Frauen-
Bundesliga gibt es in der Regel jedes Spiel zu sehen.
Dazu kommen einzelne Partien der 4. Männerliga.

Unter der Woche laufen die
Spiele des DFB-Pokals und der
europäischen Wettbewerbe wie
beispielsweise der Champions
League. Dazu kommen Länderspiele der Nationalmannschaften. Und falls einmal kein Sender das
Testspiel eines Bundesligavereins in der Saison-
vorbereitung übertragen will, machen die Vereine
das einfach selbst und streamen das Spiel ins
Internet. Wer will, kann heute also ständig Fußball
schauen. Auch wenn man für einige Angebote der
TV-Sender und Streaming-Plattformen viel Geld
zahlen muss.

43. WAS WAR DIE HÖCHSTE EINSCHALTQUOTE BEI EINEM FUßBALLSPIEL IN DEUTSCHLAND?

A) *15 Millionen*

B) *34 Millionen*

C) *80 Millionen*

44. WELCHE SPORTART IST NACH FUßBALL DIE BELIEBTESTE IM DEUTSCHEN TV?

A) *Boxen*

B) *Skispringen*

C) *Leichtathletik*

45. WELCHER VERBAND HAT NACH DEM DFB DIE MEISTEN MITGLIEDER?

A) *Deutscher Alpenverein*

B) *Deutscher Tennis Bund*

C) *Deutscher Turner-Bund*

46. WELCHER FUßBALLVEREIN HAT DIE MEISTEN MITGLIEDER IN DEUTSCHLAND?

A) *FC Bayern München*

B) *FC Schalke 04*

C) *RB Leipzig*

47. WAS WAR DIE HÖCHSTE ZUSCHAUERZAHL BEI EINEM FRAUEN-BUNDESLIGASPIEL?

A) *Ca. 5.000 Fans*

B) *Ca. 12.000 Fans*

C) *Ca. 15.000 Fans*

48. WIE VIELE ZUSCHAUER GEHEN IN DEUTSCHLAND JÄHRLICH INS STADION?

A) *Ca. 13 Millionen*

B) *Ca. 150.000*

C) *Ca. 150 Millionen*

WAS BEDEUTEN DIE LINIEN AUF EINEM FUßBALLFELD?

Bevor auf einem Fußballplatz ein Spiel stattfinden kann, müssen Vorbereitungen getroffen werden. Es werden Tore aufgestellt, Fahnen in den Boden gesteckt und Linien auf dem Rasen gezogen. Diese Linien verlaufen immer gleich. Was sie markieren, siehst du auf dem Bild. Diese Markierungen sind für ein Fußballspiel sehr wichtig. Wenn der Ball zum Beispiel eine Seitenlinie überrollt, ist er nicht mehr im Spiel. Dann gibt es Einwurf von der Linie, Eckball oder Abstoß vom Tor.

WAS IST ABSEITS?

Die Abseitsregel besagt, dass sich ein Spieler in der gegnerischen Spielhälfte nicht näher an der Torlinie befinden darf als der Ball und als der vorletzte Gegenspieler – zumindest dann nicht, wenn ihm der Ball von einem Mitspieler zugepasst wird. Steht er zwar dort, greift aber nicht ins Spielgeschehen ein, nennt man das »passives Abseits«. Entscheidend für eine Abseitsstellung ist der Moment der Ballabgabe.

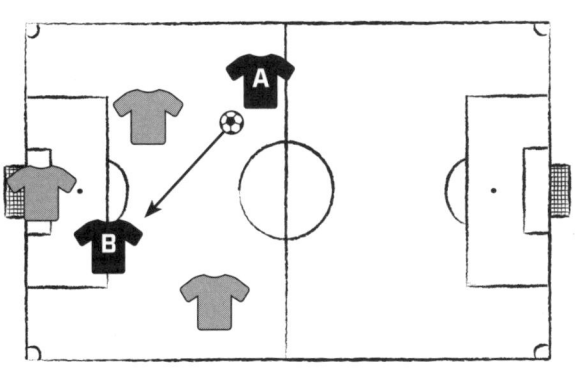

ABSEITS!
Der angespielte Angreifer B ist im Abseits: Im Moment der Ballabgabe steht zwischen ihm und dem Tor nur noch der gegnerische Torwart.

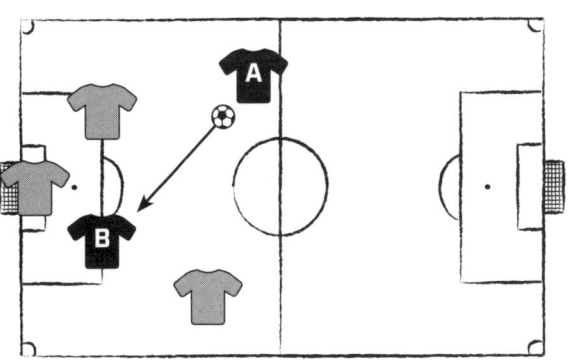

KEIN ABSEITS:
Befindet sich der Angreifer B im Moment der Ballabgabe auf gleicher Höhe wie der vorletzte Gegenspieler, geht das Spiel weiter.

49. WARUM NENNEN MANCHE REPORTER DEN BALL »RUNDES LEDER«?

A) *Weil Stürmer beim Torschuss »vom Leder ziehen«*

B) *Weil Fußbälle früher aus Leder waren*

C) *Weil Fußbälle häufig in Ledertaschen transportiert werden*

50. WAS BEFAND SICH IN DEN ERSTEN FUßBÄLLEN?

A) *Schweinsblasen*

B) *Luftballons*

C) *Zerknülltes Papier*

51. WARUM WERDEN FUßBÄLLE NICHT MEHR GENÄHT, SONDERN GEKLEBT?

A) *Weil es billiger ist*

B) *Weil es schöner aussieht*

C) *Weil es die Flugeigenschaften verbessert*

52. WAS IST DAS BESONDERE AN DER ARENA IN FRANKFURT AM MAIN?

A) *Sie hat ein Faltdach*

B) *Es gibt nur Stehplätze*

C) *Sie ist von einem Wassergraben umgeben*

53. ÜBER WAS VERFÜGEN MODERNE STADIEN?

A) *Gewächshäuser für den Stadionrasen*

B) *Eine Rasenheizung*

C) *Hunde zur Maulwurfsjagd*

54. WARUM HABEN VIELE STADIEN EINE SPEZIELLE RASENBELEUCHTUNG?

A) *Damit der Rasen besser wächst*

B) *Damit die Zuschauer besser sehen können*

C) *Um nachts Einbrecher fernzuhalten*

WARUM MÜSSEN WIR ELF FREUNDE SEIN?

Unter Fußballern gibt es den berühmten Spruch, dass eine Mannschaft aus elf Freunden bestehen muss. Diese Faustformel erklärt ganz gut, auf was es beim Fußballspielen ankommt. Beim Turnen, im Tennis oder beim Turnierreiten sind die Sportlerinnen und Sportler in der Regel auf sich allein gestellt. Sie treten im Wettkampf einzeln gegen die anderen Athletinnen und Athleten an.

Fußball hingegen ist eine Mannschaftssportart. Natürlich hat jeder Spieler eigene Fähigkeiten und muss, wenn er den Ball bekommt, allein entscheiden, ob beispielsweise ein Torschuss oder ein Pass angebracht ist. Aber richtig erfolgreich ist ein Team nur dann, wenn alle Mannschaftsteile gut miteinander harmonieren.

Jeder Spieler sollte ungefähr wissen, was sein Mitspieler wohl als Nächstes mit dem Ball anstellen will. Und jeder Spieler sollte seinem Teamkameraden helfen, wenn ein Zweikampf schwierig wird. Erst wenn alle also wie Freunde zusammenhalten und miteinander spielen, wird die Mannschaft als Ganzes den größten Erfolg haben.

WER SPIELT WO?

Innerhalb einer Mannschaft gibt es eine klare Auf-
gabenverteilung. Jeder Spieler hat eine spezielle
Rolle im Team. So kann sich der Trainer sicher sein,
dass alle Aufgaben angegangen werden und dass
sich die Spieler nicht gegenseitig über den Haufen
rennen, weil alle unbedingt ein Tor schießen wollen.

TORWART: Darf als Einziger den Ball in die Hand nehmen und soll verhindern, dass der Gegner ein Tor schießen kann.

VERTEIDIGER (ABWEHRSPIELER): Haben hauptsächlich die Aufgabe, die gegnerischen Stürmer zu stoppen.

MITTELFELDSPIELER: Bilden die Verbindung zwischen Abwehr und Angriff. Manchmal müssen sie beim Verteidigen helfen, manchmal beim Stürmen.

STÜRMER (ANGRIFF): Sind hauptsächlich dafür zuständig, den Ball ins gegnerische Tor zu schießen.

55. DÜRFEN TRIKOT, HOSE UND STUTZEN EINER MANN-SCHAFT UNTERSCHIEDLICHE FARBEN HABEN?

A) *Ja, alle drei Kleidungsstücke dürfen unterschiedliche Farben haben*

B) *Nein, Hosen und Trikots müssen dieselbe Farbe haben*

C) *Nein, alle drei Kleidungsstücke müssen dieselbe Farbe haben*

56. WARUM BEKOMMEN BUNDESLIGAMANNSCHAFTEN SO HÄUFIG NEUE TRIKOTS?

A) *Damit sich die Spieler nicht langweilen*

B) *Der DFB gibt vor, den Fußball regel-mäßig neu zu präsentieren*

C) *Um die Trikotkäufe der Fans anzukurbeln*

57. WER ENTSCHEIDET LETZTLICH, WAS DIE SPIELER EINER MANNSCHAFT BEI EINEM SPIEL TRAGEN?

A) *Die Fans können abstimmen*

B) *Der Kapitän*

C) *Betreuer und Schiedsrichter*

58. WIE VIELE VERSCHIEDENE TRIKOTS HAT EINE PROFIMANNSCHAFT IN DER REGEL?

A) *Zwei: Torwart- und Spielertrikot*

B) *Drei: Torwart-, Heim- und Auswärtstrikot*

C) *Vier: Torwart-, Heim-, Auswärts- und Ausweichtrikot*

59. WELCHE AUFGABE HAT EIN ZEUGWART?

A) *Er ist Zeuge und beobachtet, wie die Spieler mit ihren Trikots umgehen*

B) *Er kümmert sich um das Zeug der Spieler, zum Beispiel Trikots und Schuhe*

C) *Er wartet am Spielfeldrand, um den ausgewechselten Spielern die Trikots abzunehmen*

60. MANCHE MANNSCHAFTEN HABEN SPITZNAMEN WEGEN IHRER TRIKOTS. WELCHEN SPITZNAMEN GIBT ES FÜR EINEN DEUTSCHEN KLUB WIRKLICH?

A) *Zebras*

B) *Streifenhörnchen*

C) *Tiger*

WO HAT DER FUSSBALL SEIN ZUHAUSE?

Fußballvereine tragen ihre Spiele in großen Stadien oder Arenen aus. Jeder Verein, der an einer Liga teilnehmen will, muss über ein Stadion verfügen. Oder zumindest über die Erlaubnis, in einem Stadion seine Heimspiele auszutragen. Denn nicht jedes Stadion gehört dem Verein selbst. Viele große Sportstätten sind Eigentum der jeweiligen Stadt, und die Vereine müssen Miete zahlen, um darin spielen zu dürfen. Beispielsweise trägt Hertha BSC Berlin seine Heimspiele im Olympiastadion in Berlin aus und zahlt der Stadt dafür Gebühren. Hingegen ist die Arena in München das Eigentum des FC Bayern. Hier muss der Verein keine Miete zahlen.

Kein Stadion gleicht dem anderen, alle Arenen sind unterschiedlich. In der Gelsenkirchener Arena »Auf Schalke« zum Beispiel kann das Dach geschlossen werden. So werden Spieler und Zuschauer bei schlechtem Wetter geschützt. Im Dortmunder Westfalenstadion befindet sich die größte Stehtribüne Europas. 25.000 Fans finden auf ihr Platz. Und während das Bochumer Ruhrstadion mitten in der Stadt liegt, muss man in Frankfurt (Main) in den Wald, um die Heimspiele der Eintracht zu sehen.

WO STEHT DAS GRÖßTE FUßBALLSTADION DER WELT?

Es gibt viele große Stadien und Arenen, die zwar auch für Fußballspiele genutzt werden, aber nicht ausschließlich. Das größte Stadion dieser Art ist das »Stadion Erster Mai« in Nordkorea. Hier können 114.000 Zuschauer Sportveranstaltungen besuchen. Es wird allerdings selten als Fußballstadion genutzt. Anders sieht es mit dem »Camp Nou« aus. Hier trägt der FC Barcelona seine Heimspiele aus. Fast 100.000 Fans finden in diesem reinen Fußballstadion Platz. Damit ist es das größte der Welt.

Ähnlich bekannt wie das Camp Nou ist das Wembley-Stadion in London. 90.000 Zuschauer können hier den Spielen der englischen Nationalmannschaft zuschauen. Das größte Stadion Deutschlands steht in Dortmund. Die Heimspiele von Borussia Dortmund können über 81.000 Fans sehen.

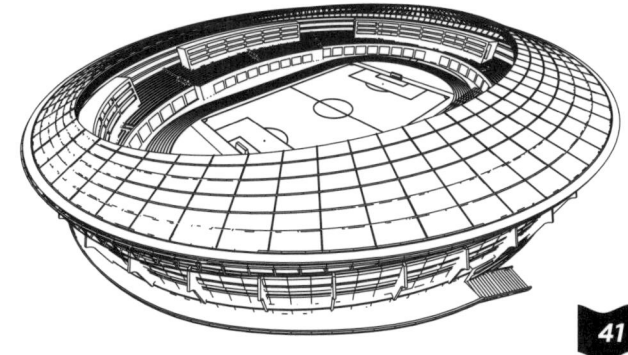

61. WAS GIBT ES IN EINEM STADION NICHT?

A) *Flutlicht*

B) *Wellenbrecher*

C) *Wasserwerfer*

62. WAS IST EINE DAUERKARTE?

A) *Eine Grafik, die anzeigt, wie lange das Spiel noch dauert*

B) *Eine Eintrittskarte für alle Spiele einer Saison*

C) *Ein Parkticket für den Stadion-Parkplatz*

63. WAS PASSIERT IN DER »MIXED ZONE«?

A) *Hier wärmen sich die Auswechselspieler auf*

B) *Hier finden die Interviews mit den Spielern statt*

C) *Hier ziehen sich die Spieler um*

64. WAS MACHT DIE ARENA IN GELSENKIRCHEN, IN DER DER FC SCHALKE 04 SPIELT, SO BESONDERS?

A) *Das Dach kann geschlossen werden*

B) *Es gibt einen eigenen kleinen Kirchen-raum im Inneren*

C) *Der Rasen kann aus dem Stadion gefahren werden*

65. WIE GROß MÜSSEN DIE UMKLEIDEKABINEN BEI BUNDESLIGISTEN MINDESTENS SEIN?

A) *20 m²*

B) *40 m²*

C) *Es gibt keine Vorgaben*

66. WARUM HABEN ÄLTERE STADIEN WIE DAS BERLINER OLYMPIASTADION EINE LAUFBAHN UM DAS SPIEL-FELD, NEUERE ABER NICHT?

A) *Beim Fußballtraining wird grundsätzlich nicht mehr im Kreis gelaufen*

B) *Das Material der Laufbahnen behindert das Wachstum des Rasens*

C) *In modernen Stadien findet häufig nur noch Fußball und keine Leichtathletik mehr statt*

67. WELCHES STADION IN DEUTSCHLAND KANN MAN ALS EINZIGES DIREKT PER SCHIFF ERREICHEN?

A) *Bremer Weserstadion*

B) *Hamburger Volksparkstadion*

C) *Berliner Olympiastadion*

68. NEGATIV-REKORD: WIE VIELE FANS KAMEN 1966 BEIM BUNDESLIGASPIEL ZWISCHEN TASMANIA BERLIN UND BORUSSIA MÖNCHENGLADBACH INS BERLINER OLYMPIASTADION?

A) *278*

B) *782*

C) *827*

69. WELCHEN BESONDEREN SERVICE BIETET DAS BERLINER OLYMPIASTADION DEN SPIELERN?

A) *Eine Rolltreppe von der Kabine zum Platz*

B) *Eine Tiefgarage direkt hinter den Kabinen*

C) *Einen Currywurst-Stand neben den Trainerbänken*

70. WARUM TRAGEN VIELE STADIEN DEN NAMEN EINES UNTERNEHMENS?

A) *Die Firmen nutzen den Stadionnamen als Form der Werbung*

B) *Die jeweilige Stadt will den orts-ansässigen Firmen eine Freude machen*

C) *Es sind die Namen der Firmen, die das Stadion gebaut haben*

71. WER SCHAUT SICH EIN SPIEL AUS DEM »VIP-BEREICH« EINES STADIONS AN?

A) *»Viele interessante Partygäste«*

B) *»Vereinsinterne Profis«*

C) *»Very important persons«*

72. WELCHEN SERVICE BEKOMMEN MÄNNLICHE FANS, WENN SIE IM STADION DES VFB STUTTGART PINKELN MÜSSEN?

A) *Sie können auf das Spielfeld gucken*

B) *Sie können per Sprachsteuerung direkt das nächste Getränk bestellen*

C) *Radio-Berichte des Spiels werden per Lautsprecher übertragen*

WARUM SOLLTEN FANS SCHON LANGE VOR DEM ANPFIFF AM STADION SEIN?

Wenn das Spiel um 15:30 Uhr angepfiffen wird, sollten Fußballfans nicht erst um 15:20 Uhr am Stadion sein. Dann könnte es nämlich sein, dass sie den Anpfiff verpassen. Zwischen der Ankunft am Stadion und dem Moment, in dem man seinen Platz einnehmen kann, vergeht in der Regel einige Zeit.

Wer mit dem Auto kommt, muss bei Bundesliga-spielen sicher lange nach einem Parkplatz suchen. Aber auch die Bahnen und Busse zum Stadion sind sehr gut gefüllt. Schließlich wollen viele Fans diese Spiele live erleben. Am Stadion angekommen reiht man sich dann in eine der Schlangen am Eingang ein.

Ordner kontrollieren hier nicht nur die Eintrittskarten, sondern auch dass niemand etwas Gefährliches oder Verbotenes mit ins Stadion nimmt. Ist diese Hürde überwunden, muss man den Weg zu seinem Platz finden. Moderne Stadien sind riesengroß, da kann es schon einige Minuten dauern, bis man außen herum gelaufen ist und den richtigen Aufgang zur Tribüne gefunden hat. Wenn man dann nicht noch Zeit an der Würstchenbude oder am Getränkestand vertrödelt, hat man es hoffentlich rechtzeitig zum Anpfiff geschafft: Das Spiel kann beginnen!

WO BEFINDET SICH DIE FANKURVE?

Sobald man die Stadiontribüne betritt, weiß man, wo sich die Fankurve befindet: nämlich dort, wo die lautesten Fans in einem Meer aus Fahnen, Schals und Schildern eng beieinanderstehen und den Heimklub mit Fangesängen anfeuern. Eine solche Fankurve gibt es in allen Bundesligastadien, manche sind aber besonders legendär, wie etwa die Nordkurven beim HSV und bei Schalke 04, die Westkurve bei Eintracht Frankfurt oder die Südtribünen in Köln und in Dortmund. Wer lieber in Ruhe das Fußballspiel verfolgen möchte, sollte also schon bei der Platzreservierung wissen, wo sich die Fankurve befindet.

Das gilt natürlich auch und ganz besonders für Fans der jeweiligen Auswärtsmannschaft. Denn zwischen den Anhängern der gegnerischen Teams kommt es leider häufig zu Pöbeleien – oder Schlimmerem! Darum gibt es in jedem Bundesligastadion auch einen Gästeblock, der für die Fanklubs der Auswärtsmannschaft reserviert ist. Meistens liegt er der Fankurve genau gegenüber.

Im Dortmunder Westfalenstadion ist auswärtigen Fans der Zutritt zur Südtribüne sogar verboten! Nicht um sie auszugrenzen, sondern um Auseinandersetzungen zu vermeiden.

DAS SPIEL HAT 90 MINUTEN!

Die Fußballregeln

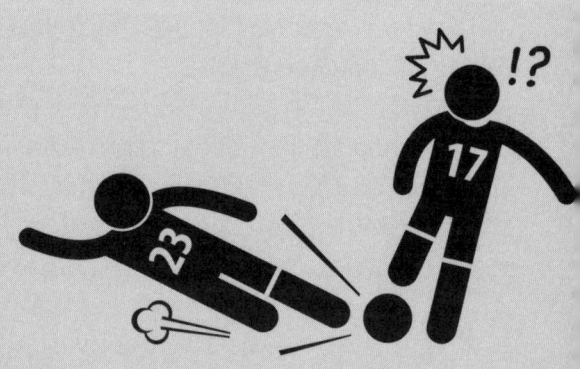

Damit ein Spiel Spaß macht, braucht es Regeln, an die sich alle halten. Sonst kann kein Spielfluss, keine Spannung und damit auch keine Freude entstehen.

Dabei ist die Grundformel im Fußball ziemlich einfach: Man darf mit dem Ball am Fuß auf dem Feld herumlaufen und ihn durch die Gegend schießen. Aber natürlich gibt es trotzdem die eine oder andere Regel zu beachten.

73. WIE VIELE OFFIZIELLE FUßBALLREGELN GIBT ES?

A) *11*

B) *21*

C) *17*

74. WER LEGT DIE OFFIZIELLEN FUßBALLREGELN FEST?

A) *FIFA*

B) *IFAB*

C) *DFB*

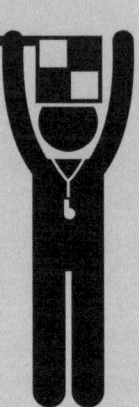

75. WIE MUSS EIN OFFIZIELLES FUßBALLFELD AUSSEHEN?

A) *Rechteckig oder rund*

B) *Rechteckig*

C) *Rechteckig oder quadratisch*

76. WELCHE SONDERREGEL GIBT ES FÜR KINDER, DIE BEI EINEM FUßBALLSPIEL AUSGEWECHSELT WERDEN?

A) *Sie müssen sofort in die Kabine*

B) *Sie sind im nächsten Spiel gesperrt*

C) *Sie dürfen wieder eingewechselt werden*

77. WAS GIBT ES NUR BEI KINDER- UND JUGENDSPIELEN?

A) *Zeitstrafen*

B) *Trinkpausen*

C) *Zwei Torhüter*

78. WODURCH UNTERSCHEIDET SICH DER FUßBALL FÜR KINDER VON DEM DER ERWACHSENEN?

A) *Er ist weicher*

B) *Er ist kleiner*

C) *Er besteht aus Filz*

79. WAS MUSS LAUT FIFA BEI EINER WELTMEISTERSCHAFT GENAU 28 MM BETRAGEN?

A) *Die Maschen des Tornetzes*

B) *Die Seitenlinie*

C) *Die Höhe des Rasens*

80. WARUM KÖNNEN KUNSTRASENPLÄTZE GEFÄHRLICH FÜR DIE UMWELT SEIN?

A) *Wenn die Sonne lange scheint, können sie anfangen zu brennen*

B) *Das Granulat auf dem Rasen verschmutzt das Wasser*

C) *Heftige Stürme können sie wie einen Teppich anheben und wegreißen*

81. WO HALTEN SICH AUSWECHSELSPIELER DIE MEISTE ZEIT AUF?

A) *Sparkasse*

B) *Bank*

C) *Finanzamt*

82. WOZU DIENT DER MITTELKREIS AUF DEM SPIELFELD?

A) *Darin dürfen sich nur die Kapitäne der Mannschaften aufhalten*

B) *Beim Anstoß muss sich die gegnerische Mannschaft außerhalb des Mittelkreises aufhalten*

C) *Der Schiedsrichter darf nur hier Gelbe und Rote Karten zeigen*

83. WO MÜSSEN SPIELER DAS FELD VERLASSEN, WENN SIE AUSGEWECHSELT WERDEN?

A) *An der Mittellinie*

B) *Dort, wo sie am schnellsten vom Feld kommen*

C) *Neben dem eigenen Tor*

84. DARF DER BALL BEI EINEM ECKSTOß DIE LINIE DES VIERTELKREISES UM DIE ECKFAHNE BERÜHREN?

A) *Nein, der Ball muss im Kreis liegen*

B) *Ja, der Ball muss auf der Linie liegen*

C) *Der Ball darf entweder im Kreis oder auf der Linie liegen*

STAMMEN DIE ERSTEN REGELN VON EINEM FUßBALL-PROFESSOR?

Die ersten offiziellen Fußballregeln wurden 1848 an der Universität von Cambridge in England niedergeschrieben. Allerdings nicht von Professoren, sondern von zwei Studenten. Henry de Winton und John Thring hatten genug davon, dass es ständig Streit darüber gab, ob der Ball mit der Hand gespielt werden durfte oder nicht. Also machten sie sich daran, allgemeingültige Regeln aufzuschreiben. Zufälligerweise umfasst diese Zusammenstellung genau elf Punkte.

Sehr konkret waren diese Regeln noch nicht. Es wurde eher Grundsätzliches festgelegt. Nämlich zum Beispiel, dass der Ball nicht geworfen oder getragen werden darf. Aber auch dass überhaupt Tore erzielt werden müssen und dass die Mannschaft mit den meisten Toren das Spiel gewinnt, wurde in den »Cambridge-Regeln« erstmals festgehalten.

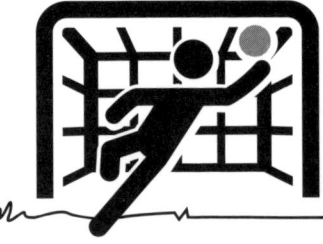

WAS SIND DIE »JENAER REGELN«?

In Jena wurden die ersten deutschsprachigen Fußballregeln festgelegt. Sie traten am 1. Januar 1893 in Kraft. Zu diesem Zeitpunkt steckte der Fußball wirklich noch in seinen Kinderschuhen. Deshalb sind viele der Regeln auch sehr einfach und geben Dinge vor, die heute selbstverständlich sind, wenn ein Fußballspiel angepfiffen werden soll.

Beispielsweise wurde in Paragraf 4 festgelegt, wie der Schiedsrichter die beiden Mannschaften zusammenstellen sollte, wenn die Spieler zu Spielbeginn noch keinem Team angehörten.

Das Tor wird »Mal« genannt, Torhüter dementsprechend »Malwärter«. Die Jenaer Regeln geben vor, dass jede Mannschaft nur einen solcher Wärter haben darf. Er kann aber innerhalb des Spiels ausgewechselt werden. Auch um Fairness geht es in diesen ersten Regeln. Gegenspieler dürfen zwar zur Seite gedrängt, nicht aber gehalten oder gestoßen werden.

85. WAS WURDE 1893 AUF FUSSBALLPLÄTZEN VERBOTEN?

A) *Zuschauer*

B) *Torpfosten*

C) *Bäume und Sträucher*

86. WAS GAB ES LAUT DEN ERSTEN FUSSBALLREGELN VON 1863 NACH JEDEM TOR?

A) *Abstoß*

B) *Seitenwechsel*

C) *Fünf Minuten Pause*

87. WAS GIBT DIE RÜCKPASSREGEL SEIT 1992 VOR?

A) *Nach einem Abstoß muss ein Verteidiger den Ball zuerst nach hinten spielen*

B) *Wenn ein Spieler den Ball seinem Torwart zuspielt, darf dieser ihn nicht in die Hand nehmen*

C) *Liegt ein Spieler verletzt am Boden, muss die gegnerische Mannschaft den Ball zurückspielen*

88. FUßBALL WIRD SEIT BALD 180 JAHREN GESPIELT. SEIT WANN DÜRFEN FRAUEN IN DEUTSCHLAND OFFIZIELL FUßBALL SPIELEN?

A) *Seit ca. 100 Jahren*

B) *Seit ca. 75 Jahren*

C) *Seit ca. 50 Jahren*

89. WAS BEKOMMT EINE ANGREIFENDE MANNSCHAFT, WENN EINER IHRER SPIELER IM STRAFRAUM GEFOULT WIRD?

A) *Einen Strafstoß*

B) *Einen Elfmeter*

C) *Beides*

90. WAS WURDE IN DEN 1990ER-JAHREN »GOLDEN GOAL« GENANNT?

A) *Das 80. Tor einer Mannschaft innerhalb einer Saison*

B) *Das erste Tor in der Verlängerung und damit das Siegtor*

C) *Ein Tor, das von einem Einwechsel- spieler erzielt wird*

91. WARUM IST EIN FUßBALLTOR EXAKT 7,32 M BREIT?

A) Früher wurden die Torlatten aus alten Schiffsmasten gebaut, die genau diese Länge hatten

B) 7,32 m entsprechen genau 8 Yards – einer alten englischen Längeneinheit

C) Die Breite hat sich zufällig ergeben und wurde dann 1917 als Standard festgelegt

92. WIE VIEL ABSTAND MÜSSEN GEGNERISCHE SPIELER BEI EINEM FREISTOß EINHALTEN?

A) 9,15 m

B) 9,50 m

C) 9,05 m

93. VON WO MUSS EIN ABSTOß AUSGEFÜHRT WERDEN?

A) Von der Torraumlinie

B) Aus dem Torraum

C) Aus dem Strafraum

94. WAS IST EINE »NOTBREMSE«?

A) *Ein Verteidiger wird für einen Stürmer eingewechselt*

B) *Zwei Verteidiger halten einen Stürmer am Trikot fest*

C) *Ein Verteidiger verhindert einen Tor-schuss, indem er den Stürmer foult*

95. WAS VERSTEHT MAN UNTER EINER »SCHWALBE«?

A) *Torjubel mit ausgebreiteten Armen*

B) *Wenn ein Spieler durch Hinfallen vortäuscht, dass er gefoult worden ist*

C) *Einen Flugkopfball*

96. WAS NENNT MAN »SCHEIBENWISCHER«?

A) *Das Trikot beim Torjubel über den Kopf ziehen*

B) *Eine beleidigende Geste mit der Hand vor dem Gesicht*

C) *Eine taktische Anweisung des Trainers*

WAS MÜSSEN SCHIEDSRICHTER KÖNNEN?

Schiedsrichter zu sein, ist ein bisschen undankbar. Eigentlich wissen alle Spieler und Trainer, dass sie für ihre Spiele einen sogenannten Unparteiischen brauchen. Und trotzdem sind sie häufig unzufrieden mit dem Schiedsrichter, beschweren sich über seine Entscheidungen und schreien auf dem Platz herum. In den meisten Fällen gehen die Spieler aber respektvoll und fair mit dem Schiedsrichter um. Und dann ist es eine tolle Aufgabe, ein Spiel zu leiten.

Schiedsrichter brauchen Regelwissen und eine sehr gute Fitness. In der Regel laufen sie mindestens genauso viel wie die Spieler. Schließlich müssen sie immer nah am Ball und damit am Spielgeschehen sein. Da bleibt wenig Zeit zum Ausruhen.

Die Unparteiischen müssen aber auch selbstbewusst sein und sich gut durchsetzen können. Denn nicht immer sind alle Spieler in jeder Situation mit ihren Entscheidungen zufrieden.

WER DARF EIN SPIEL PFEIFEN?

Hunderte Spiele in den ersten Ligen, wahrscheinlich tausende in den Amateurklassen, finden jedes Wochenende statt. Damit sie ordnungsgemäß über die Bühne gehen und es zu keinen großen Streitigkeiten kommt, braucht es eigentlich für jedes dieser Spiele einen ausgebildeten Schiedsrichter. Wer ein Fußballspiel leiten möchte, kann nämlich nicht einfach zur Pfeife greifen und sich auf den Platz stellen.

Um Schiedsrichter zu werden, muss man eine Ausbildung absolvieren. Dabei lernt man alle Fußballregeln, aber auch, wie sich ein Schiedsrichter auf dem Platz verhalten soll.

Am Ende der Ausbildung steht ein Test. Hier wird abgefragt, ob sich die Bewerber ausreichend mit den Regeln auskennen. Außerdem müssen sie einen Fitnesstest bestehen. Erst danach dürfen sie auf den Platz und ihr erstes Spiel anpfeifen.

97. 1891 WURDE DER SCHIEDSRICHTER IN DIE FUSSBALL-REGELN AUFGENOMMEN. WER ENTSCHIED BIS DAHIN BEI STREITIGKEITEN AUF DEM PLATZ?

A) *Die Zuschauer*

B) *Die Trainer*

C) *Die Kapitäne*

98. WIE WERDEN DIE BEIDEN SCHIEDSRICHTER AN DEN SEITENLINIEN GENANNT?

A) *Schiedsrichterassistenten*

B) *Linienrichter*

C) *Fahnenträger*

99. WARUM WURDEN 1970 DIE GELBE UND DIE ROTE KARTE EINGEFÜHRT?

A) *Vorher hatte es keinen Platzverweis gegeben*

B) *Ein Sportartikelhersteller nutzte die Karten als Werbefläche*

C) *Die Entscheidungen des Schiedsrichters sollten klar ersichtlich werden*

100. WAS MÜSSEN SCHIEDSRICHTER GENAUSO WIE SPIELER TRAGEN, OBWOHL SIE SELBST NICHT SPIELEN?

A) *Schienbeinschoner*

B) *Stutzen*

C) *Eine Trikotnummer*

101. SCHWARZ, ROT, GRÜN – WAS IST ENTSCHEIDEND DAFÜR, WELCHE TRIKOTFARBEN DER SCHIEDS-RICHTER TRÄGT?

A) *Die Trikotfarben der Spieler*

B) *Die Vorlieben des Schiedsrichters*

C) *Die Vorgaben des Verbands*

102. WIE ENTSCHEIDET SICH VOR DEM ANPFIFF, WELCHE MANNSCHAFT ANSTOß HAT?

A) *Per »Schnick, Schnack, Schnuck«*

B) *Der Schiedsrichter entscheidet*

C) *Durch Münzwurf*

103. WIE VIELE PERSONEN GEHÖREN ZU EINEM SCHIEDSRICHTER-TEAM?

A) *Zwei*

B) *Fünf*

C) *Das hängt von der Liga ab, in der sie pfeifen*

104. WAS ÜBERWACHT DAS »HAWK EYE« (»FALKENAUGE«) IM STADION?

A) *Die Traineranweisungen*

B) *Die Spielerbewegungen*

C) *Die Torlinien*

105. WIE LAUT KANN EINE ÜBLICHE SCHIEDSRICHTER-PFEIFE WERDEN?

A) *So laut wie ein fahrendes Auto*

B) *So laut wie Musik über Kopfhörer*

C) *So laut wie eine Kettensäge*

106. WIE VIELE SCHIEDSRICHTER UND SCHIEDS-RICHTERINNEN GIBT ES IN DEUTSCHLAND?

A) *Weniger als 20.000*

B) *Ungefähr 30.000*

C) *Über 50.000*

107. WIE TEILT EIN SCHIEDSRICHTERASSISTENT DEM SCHIEDSRICHTER MIT, DASS EINE MANNSCHAFT AUSWECHSELN MÖCHTE?

A) *Er wedelt mit seiner Fahne*

B) *Er ruft laut auf das Spielfeld*

C) *Er hält die Fahne mit beiden Händen über den Kopf*

108. AUF WELCHEM TEIL DER SEITENLINIE DÜRFEN SCHIEDSRICHTERASSISTENTEN LAUFEN?

A) *Von der Mittellinie geschaut in der rechten Hälfte*

B) *Von der Mittellinie geschaut in der linken Hälfte*

C) *Die ganze Seitenlinie entlang*

WELCHE AUSRÜSTUNG BRAUCHT EIN SCHIEDSRICHTER?

Genauso wie Spieler müssen auch Schiedsrichter vor einem Spiel ihre Sporttasche packen. Dabei sind manche Dinge sehr ähnlich, einige aber auch nicht. So sieht die Ausrüstung eines Schiedsrichters in der Bundesliga aus.

FREISTOSSPRAY:

Damit kann der Schiedsrichter den Abstand der Mauer bei Freistößen festlegen.

PFEIFE:

Ohne sie könnte sich der Schiedsrichter kein Gehör verschaffen.

FUSSBALLSCHUHE UND STUTZEN:

Klar, dass auch Fußballschuhe zum Sportoutfit gehören. Bei den Stutzen ist das schon weniger klar. Schließlich tragen Schiedsrichter im Unterschied zu den Spielern keine Schienbeinschoner. Deshalb bräuchten sie eigentlich auch die Stutzen nicht. Die langen Socken gehören aber trotzdem zum Outfit dazu.

HEADSET:

Damit hat der Schiedsrichter immer Kontakt mit seinen Assistenten und kann auch mit dem Videoschiedsrichter sprechen.

TRIKOT UND HOSE:

Früher war das Taschepacken einfach. Es war klar: Der Schiedsrichter läuft in einem schwarzen Trikot auf. Das hat sich aber mittlerweile geändert und auch die Schiedsrichter packen unterschiedliche Farben ein. Mit welchem Trikot sie auflaufen, entscheiden sie, wenn sie die Farben der Mannschaften mitgeteilt bekommen haben. Schließlich wollen sie sich davon unterscheiden.
Die Kleidung des Schiedsrichters hat noch eine Besonderheit, nämlich Taschen. Darin werden folgende Dinge verstaut:

GELBE UND ROTE KARTE:

Immer dabei, auch wenn jeder Schiedsrichter hofft, sie nicht benutzen zu müssen. Viele Schiedsrichter stecken die Gelbe Karte in die Brusttasche und die Rote in die Gesäßtasche. In der Regel nutzen sie die Gelbe Karte häufiger – deshalb muss sie griffbereit sein.

WÄHLMÜNZE:

Damit klärt sich vor dem Spiel, welches Team den Anstoß bekommt.

SPIELNOTIZKARTE UND STIFT:

Hierauf notiert sich der Schiedsrichter, wem er während des Spiels eine Gelbe oder Rote Karte gezeigt hat. Auch den Spielstand schreibt er mit.

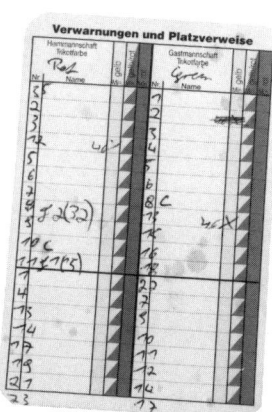

109. WIE VIELE SPIELER MÜSSEN AUF DEM FELD STEHEN, DAMIT EINE MANNSCHAFT DAS SPIEL BESTREITEN DARF?

A) *Elf*

B) *Mindestens neun*

C) *Mindestens sieben*

110. WAS DARF AUßER DEM TORWART NIEMAND TRAGEN?

A) *Eine Schirmmütze*

B) *Lange Ärmel*

C) *Eine lange Unterhose*

111. WANN KANN ES EINE NACHSPIELZEIT GEBEN?

A) *Wenn das Spiel besonders spannend ist*

B) *Wenn es unentschieden steht*

C) *Wenn es viele Unterbrechungen gab*

112. WANN GIBT ES UNTER ANDEREM EINEN INDIREKTEN FREISTOß?

A) *Bei Schlägen und Tritten*

B) *Bei Abseits oder Beleidigungen*

C) *Bei Trikotziehen*

113. WAS MUSS BEI EINEM INDIREKTEN FREISTOß ZUERST PASSIEREN, BEVOR DER BALL INS TOR GESCHOSSEN WERDEN DARF?

A) *Ein Rückpass in die eigene Spielhälfte*

B) *Zwei Spieler müssen den Ball berührt haben*

C) *Ein Rückpass zur gegnerischen Mannschaft*

114. WIE ZEIGT DER SCHIEDSRICHTER AN, DASS ES SICH UM EINEN INDIREKTEN FREISTOß HANDELT?

A) *Er pfeift zweimal an*

B) *Er zeigt mit dem Arm zur Seite*

C) *Er hebt einen Arm in die Luft*

WAS ZEIGT DER SCHIEDSRICHTER DA AN?

Anders als zum Beispiel beim American Football erklärt der Schiedsrichter beim Fußball den Fans seine Entscheidungen nicht per Mikrofon. Und trotzdem kann man an seinen Gesten sehr gut erkennen, welches Vergehen er gerade abgepfiffen hat und wie es weitergehen soll.

DIREKTER FREISTOß:
Für einen direkten Freistoß pfeift der Schiedsrichter und zeigt dann mit dem ausgestreckten Arm in die Richtung, in die die Mannschaft spielt, die den Freistoß bekommt.

INDIREKTER FREISTOß:
Hebt der Schiedsrichter nach einem Pfiff den Arm senkrecht nach oben, gibt er einen indirekten Freistoß. Erst wenn ein zweiter Spieler nach dem Freistoß den Ball berührt hat, nimmt der Schiedsrichter den Arm wieder herunter.

GELBE UND ROTE KARTE:
Wenn der Schiedsrichter eine
Verwarnung (Gelb) oder einen
Feldverweis (Rot) aussprechen
muss, hält er eine der beiden
Karten mit ausgestrecktem
Arm über den Kopf.

STRAFSTOß:
Zeigt der Schiedsrichter mit
ausgestrecktem Finger auf
den Elfmeterpunkt, gibt es
einen Strafstoß.

ABSTOß:
Um einen Abstoß vom Tor
anzuzeigen, hält der Schiedsrichter seinen Arm ähnlich
wie bei einem Strafstoß. Bei
Abstoß streckt er aber nicht
den Zeigefinger aus, sondern
zeigt mit der flachen Hand
nach unten.

Abpfiff: Will er das Spiel beenden, bläst der
Schiedsrichter mehrfach in seine Pfeife und zeigt
mit beiden ausgestreckten Armen in Richtung
Mittelpunkt.

115. WIE WIRD EIN EINWURF KORREKT AUSGEFÜHRT?

A) *Mit beiden Füßen auf dem Boden*

B) *Mit beiden Händen am Ball*

C) *Mit dem Gesicht zum Spielfeld*

116. WELCHE AUSSAGE ZUM EINWURF STIMMT NICHT?

A) *Nach einem Einwurf gibt es kein Abseits*

B) *Wird der Ball beim Einwurf ins Tor geworfen, zählt der Treffer nicht*

C) *Wirft der Spieler beim Einwurf einem anderen Spieler den Ball absichtlich ins Gesicht, gibt es keinen Feldverweis*

117. WANN KANN DER SCHIEDSRICHTER AUF »VORTEIL« ENTSCHEIDEN UND DAS SPIEL WEITERLAUFEN LASSEN, OBWOHL EIN SPIELER GEFOULT WURDE?

A) *Wenn sich der Spieler sofort nach seinem Foul entschuldigt*

B) *Bei einem weniger harten Foul*

C) *Wenn die gefoulte Mannschaft in Ballbesitz bleibt*

118. KANN DER SCHIEDSRICHTER EINE VORTEILS-ENTSCHEIDUNG WIEDER ZURÜCKNEHMEN UND DAS SPIEL DOCH NOCH UNTERBRECHEN?

A) *Nein, wenn er sich für Vorteil entscheidet, muss er das Spiel laufen lassen*

B) *Nur wenn die gefoulte Mannschaft darum bittet*

C) *Ja, wenn sich kein Vorteil einstellt*

119. KANN EIN FOULENDER SPIELER NACHTRÄGLICH EINE GELBE KARTE BEKOMMEN, OBWOHL DER SCHIEDSRICHTER KEINEN FREISTOß GEPFIFFEN HAT?

A) *Nein, wenn kein Freistoß gepfiffen wurde, kann es keine Gelbe Karte geben*

B) *Nein, das geht nur bei Roten Karten*

C) *Ja*

120. WAS NENNT MAN »SCHIEDSRICHTERBALL«?

A) *Eine jährliche Tanzveranstaltung für Schiedsrichter*

B) *Ein Spielball, den der Schiedsrichter selbst zum Spiel mitbringt*

C) *Eine Spielfortsetzung, bei der der Schiedsrichter den Ball fallen lässt*

121. UNTER WELCHER VORAUSSETZUNG KANN EIN SPIELER IM ABSEITS STEHEN?

A) *Der Ball muss ihm aus der eigenen Mannschaft zugespielt worden sein*

B) *Er muss als Stürmer aufgestellt sein*

C) *Er muss sich im gegnerischen Strafraum befinden*

122. EIN SPIELER STEHT BEI EINEM PASS IM ABSEITS, WENN SICH ZWISCHEN IHM UND DEM TOR ...

A) *... nur noch drei gegnerische Spieler befinden*

B) *... nur noch zwei gegnerische Spieler befinden*

C) *... nur noch ein gegnerischer Spieler befindet*

123. WELCHER MOMENT ENTSCHEIDET DARÜBER, OB EIN SPIELER IM ABSEITS STEHT?

A) *Der Moment der Ballabgabe*

B) *Der Moment der Ballannahme*

C) *Der Moment, in dem sich der Ball exakt zwischen beiden Spielern befindet*

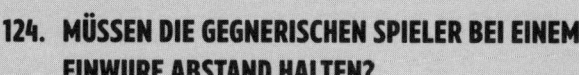

124. MÜSSEN DIE GEGNERISCHEN SPIELER BEI EINEM EINWURF ABSTAND HALTEN?

A) *Ja, mindestens 2 m*

B) *Nein, sie dürfen überall stehen*

C) *Nur wenn der Einwurf in der gegnerischen Hälfte stattfindet*

125. WO BEFINDEN SICH DIE SPIELER BEI EINEM SCHIEDSRICHTERBALL?

A) *Egal wo auf dem Spielfeld*

B) *In der jeweils eigenen Spielfeldhälfte*

C) *Bis auf einen Spieler müssen alle mindestens 4 m entfernt sein*

126. WAS PASSIERT, WENN EIN SPIELER DEN SCHIEDS-RICHTER UNABSICHTLICH ANSCHIEßT?

A) *Das Spiel läuft weiter, der Schieds-richter gilt als Luft*

B) *Das kommt darauf an, wohin der Ball nach der Berührung fliegt*

C) *Es gibt in jedem Fall einen indirekten Freistoß für den Gegner*

WERDEN SCHIEDSRICHTER FERNGESTEUERT?

Der moderne Fußball wird durch sehr viel Technik bestimmt. Die Reporter im Fernsehen wissen genau, wie viele Kilometer jeder einzelne Spieler gelaufen ist, wie schnell er dabei war und wie viel Prozent seiner Zweikämpfe er gewonnen hat. Diese Daten werden durch Computersysteme erhoben und von Experten analysiert. Für die Trainer sind sie wichtig, um die Leistungen der Spieler einschätzen zu können.

Aber auch die Schiedsrichter können mittlerweile auf diverse technische Hilfsmittel zurückgreifen. Jeder Bundesliga-Schiedsrichter trägt einen kleinen Kasten am Oberarm. Wenn seine Assistenten an der Seitenlinie einen Knopf an ihrer Fahne drücken, piept dieses Kästchen und vibriert. So weiß der Schiedsrichter, auch ohne hinzugucken, dass sein Assistent die Fahne gehoben hat. Per Headset kann sich das Schiedsrichterteam besprechen und ist zusätzlich mit dem Videoschiedsrichter verbunden. Dieser schaltet sich ein, wenn das Team auf dem Platz ein grobes Foul oder eine Abseitsposition übersehen hat.

Die Entscheidungen fällt allein der Schiedsrichter auf dem Platz, er wird also nicht ferngesteuert. Aber die technischen Mittel helfen ihm dabei, Situationen richtig einzuschätzen und Fehler zu vermeiden.

WAS ZEIGT DIE UHR DES SCHIEDSRICHTERS AN?

Auch vor dem Ball macht die moderne Entwicklung nicht halt. Im Inneren eines Profi-Fußballs ist ein Computerchip verbaut. Er sendet Signale nach außen, mit denen die Position des Balls bestimmt werden kann. Das hilft dem Schiedsrichter bei der Entscheidung, ob ein Tor gefallen ist oder nicht.

Fliegt der Ball auf das Tor zu, wird es häufig sehr unübersichtlich. Vor allem, wenn bei einem Eckball viele Spieler im Strafraum stehen. Oder wenn der Torwart noch im letzten Moment den Ball »von der Linie kratzt«. In solchen Situationen ist es für den Schiedsrichter nicht einfach zu erkennen, ob der Ball die Torlinie vollständig überquert hat. Seit einigen Jahren hilft ihm bei dieser Frage seine Uhr.

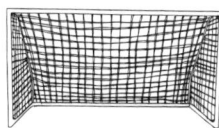

In den Toren der Bundesliga, aber auch bei internationalen Topspielen, sind Sensoren verbaut. Sie interagieren mit dem Chip im Ball. Wenn der Ball die Torlinie überquert hat – und sei es auch nur ganz knapp –, bekommt der Schiedsrichter das auf seiner Uhr angezeigt. Jetzt kann er auf Tor entscheiden und sich sicher sein, dass diese Entscheidung richtig ist.

127. WAS MEINEN REPORTER, WENN SIE VOM »KÖLNER KELLER« SPRECHEN?

A) *Die Werkstatt, in der die Computerchips in die Bälle eingebaut werden*

B) *Den Ort, an dem die Videoschiedsrichter ausgebildet werden*

C) *Den Ort, an dem sich die Schaltzentrale der Videoschiedsrichter befindet*

128. WAS IST DIE »REVIEW-AREA«?

A) *Ein Monitor am Spielfeldrand für den Schiedsrichter*

B) *Der offizielle Name des »Kölner Kellers«*

C) *Der Bereich, in dem sich die Fußball- kommentatoren aufhalten*

129. WIE VIELE SCHIEDSRICHTER UND ASSISTENTEN BETREUEN EIN BUNDESLIGASPIEL AM BILDSCHIRM?

A) *Vier*

B) *Zwei*

C) *Einer*

130. WELCHEN SPITZNAMEN TRUG DER ITALIENISCHE SCHIEDSRICHTER PIERLUIGI COLLINA?

A) *»Richter Gnadenlos«*

B) *»Glatze Gnadenlos«*

C) *»Luigi Gnadenlos«*

131. WELCHES AMT ÜBERNAHM DER SCHIEDSRICHTER MARKUS MERK NACH DEM ENDE SEINER KARRIERE?

A) *Sportkommentator bei RTL*

B) *DFB-Präsident*

C) *Aufsichtsratschef beim 1. FC Kaiserslautern*

132. WARUM WURDE DER SCHIEDSRICHTER ROBERT HOYZER 2005 IN GANZ DEUTSCHLAND BEKANNT?

A) *Er war in einen Wettskandal verwickelt*

B) *Er schoss bei einem Bundesligaspiel den Ball ins Tor*

C) *Er lieferte sich eine Schlägerei mit einem Trainer*

133. WIE HEIßT DIE SCHIEDSRICHTERIN, DIE ALS ERSTE FRAU EIN SPIEL DER MÄNNER-BUNDESLIGA LEITETE?

A) *Liliane Steinlaus*

B) *Bibiana Steinhaus*

C) *Christiane Steinmaus*

134. GIBT ES MÄNNLICHE SCHIEDSRICHTER IN DER FRAUEN-BUNDESLIGA?

A) *Ja*

B) *Nein*

C) *Nur bei Topspielen*

135. WOMIT SCHRIEB DIE BRASILIANISCHE SCHIEDS-RICHTERIN EDINA ALVES BATISTA SPORTGESCHICHTE?

A) *Sie wurde als erste Frau bei einem Männer-Spiel der FIFA eingesetzt*

B) *Sie nahm als Spielerin und als Schieds-richterin an einer WM teil*

C) *Sie zeigte als erste Schiedsrichterin weltweit eine Rote Karte*

136. WAS ZEIGT DER SCHIEDSRICHTERASSISTENT AN, WENN ER SEINE FAHNE MIT AUSGESTRECKTEM ARM IN EINE RICHTUNG HÄLT?

A) *Einwurf*

B) *Abstoß*

C) *Eckball*

137. WAS ZEIGT DER SCHIEDSRICHTERASSISTENT AN, WENN ER SEINE FAHNE MIT AUSGESTRECKTEM ARM SCHNELL IN EINE RICHTUNG WEDELT?

A) *Ein Spieler soll ausgewechselt werden*

B) *Die Spielzeit ist abgelaufen*

C) *Ein Spieler wurde gefoult*

138. WAS ZEIGT DER SCHIEDSRICHTERASSISTENT AN, WENN ER DIE FAHNE GERADE ÜBER DEN KOPF NACH OBEN STRECKT?

A) *Abseits*

B) *Abstoß*

C) *Indirekten Freistoß*

WIE OFT DARF GEWECHSELT WERDEN?

Während eines Spiels dürfen Trainer nicht unbegrenzt Spieler austauschen. Lange Zeit war die Regel ganz klar: Pro Mannschaft durften drei Spieler ersetzt werden. Das hat sich in den letzten Jahren aber immer wieder geändert. So darf im DFB-Pokal viermal gewechselt werden. Allerdings nur, wenn es zu einer Verlängerung kommt.

Wegen der Corona-Pandemie mussten viele Spiele in sehr kurzer Zeit nachgeholt werden. Weil das die Spieler extrem belastet, wurden in diesen Zeiten sogar fünf Wechsel pro Spiel und Mannschaft eingeführt. Diese Wechsel mussten allerdings innerhalb von drei Wechselphasen erfolgen. Viele dieser Regeln sind ziemlich kompliziert. Ob sie weiter Bestand haben oder wieder zurückgenommen werden, muss sich erst noch zeigen.

Übrigens: Im Kinder- und Jugendfußball gibt es eine Sonderregel. Hier dürfen Spieler, die einmal ausgewechselt wurden, wieder zurück ins Team gewechselt werden. Das ist im Erwachsenenfußball verboten – und wird es auch sicher bleiben.

DAS SPIEL HAT 90 MINUTEN! *Die Fußballregeln*

WER SIEHT ROT UND WANN GIBT ES ELFMETER?

Begeht ein Spieler ein Foul, spielt den Ball mit der Hand oder verhält sich unsportlich, kann der Schiedsrichter zwei Arten von Strafen verhängen: eine Spielstrafe und eine persönliche Strafe.

Als **Spielstrafen** können ein direkter oder ein indirekter Freistoß sowie ein Strafstoß ausgesprochen werden. Direkte Freistöße gibt es bei »Kontaktvergehen« (zum Beispiel wenn ein Spieler getreten wurde), indirekte bei Unsportlichkeiten oder Abseits. Bei indirekten Freistößen muss erst ein weiterer Spieler den Ball berührt haben, bevor er ins Tor geschossen werden darf. Beide Arten von Freistößen werden dort ausgeführt, wo der Regelverstoß begangen wurde. Einzige Ausnahme: Würde es innhalb des Strafraums einen direkten Freistoß für die angreifende Mannschaft geben, entscheidet der Schiedsrichter auf Strafstoß, dieser wird immer aus einer Distanz von 11 m ausgeführt.

Zusätzlich kann der Spieler, der den Regelverstoß begangen hat, eine **persönliche Strafe** erhalten. Eine Verwarnung in Form der Gelben Karte gibt es zum Beispiel für Trikotziehen. Eine zweite Gelbe Karte bedeutet »Gelb-Rot« – der Spieler wird dann des Felds verwiesen. Bei schlimmen Vergehen wie Schlagen gibt es den direkten Platzverweis mit der Roten Karte.

139. EIN SPIELER ZIEHT SICH BEIM TORJUBEL DAS TRIKOT ÜBER DEN KOPF. WAS PASSIERT?

A) *Das Tor zählt, Anstoß*

B) *Das Tor zählt nicht, Freistoß für den Gegner*

C) *Das Tor zählt, Gelbe Karte, Anstoß*

140. EIN SPIELER ZIEHT BEIM TORJUBEL DAS TRIKOT ÜBER DEN KOPF UND KLETTERT AUF DEN ZAUN ZU SEINEN FANS. WAS PASSIERT?

A) *Gelbe Karte, Anstoß*

B) *Gelbe und Gelb-Rote Karte, Anstoß*

C) *Rote Karte, Anstoß*

141. WIE DÜRFEN TRAINER UND AUSWECHSELSPIELER FEIERN, WENN IHRE MANNSCHAFT EIN TOR ERZIELT?

A) *Sie müssen bei ihrer Bank außerhalb des Spielfelds bleiben*

B) *Sie dürfen zu ihren Mitspielern auf das Feld laufen, um mit ihnen zu jubeln*

C) *Sie dürfen außerhalb des Spielfelds auch zur gegnerischen Bank laufen*

142. WELCHE FUßBALLREGEL GIBT ES NUR AUF DEN FÄRÖERN, EINER INSELGRUPPE IN SKANDINAVIEN?

A) *Beim Strafstoß darf der Ball mit der Hand festgehalten werden*

B) *Erst bei der dritten Gelben Karte wird ein Spieler vom Platz verwiesen*

C) *Spiele können auch mit jeweils nur fünf Spielern stattfinden*

143. WAS BEDEUTET ES FÜR DEN KAPITÄN EINER MANNSCHAFT, WENN ER VOR SPIELBEGINN DIE PLATZWAHL BEIM SCHIEDSRICHTER VERLIERT?

A) *Sein Team hat Anstoß*

B) *Er darf die Spielfeldhälfte aussuchen, in der seine Mannschaft spielt*

C) *Der Gegner hat Anstoß*

144. WAS PASSIERT, WENN EIN SPIELER IN DER HALBZEITPAUSE DEN SCHIEDSRICHTER BELEIDIGT?

A) *Nichts, das Spiel ist ja unterbrochen*

B) *Gelbe Karte, die zweite Halbzeit startet mit einem Strafstoß für den Gegner*

C) *Feldverweis, die zweite Halbzeit startet mit dem regulären Anstoß*

145. WAS PASSIERT, WENN EIN INDIREKTER FREISTOß DIREKT INS GEGNERISCHE TOR GESCHOSSEN WIRD?

A) *Wiederholung des Freistoßes*

B) *Tor*

C) *Abstoß für den Gegner*

146. WAS PASSIERT, WENN EIN INDIREKTER FREISTOß DIREKT INS EIGENE TOR GESCHOSSEN WIRD?

A) *Tor für die gegnerische Mannschaft*

B) *Wiederholung des Freistoßes*

C) *Eckstoß für den Gegner*

147. WARUM LEGEN SICH MANCHE ABWEHRSPIELER BEI EINEM FREISTOß HINTER DIE MAUER?

A) *Um sich kurz auszuruhen*

B) *Um zu sehen, welche Anweisungen der Torwart gibt*

C) *Um den Ball zu stoppen, wenn er flach geschossen wird*

148. WAS PASSIERT, WENN DER BALL GEGEN DIE ECK-FAHNE GESCHOSSEN WIRD?

A) *Grundsätzlich Einwurf oder Eckstoß*

B) *Freistoß*

C) *Es wird weitergespielt*

149. WAS PASSIERT, WENN EIN SPIELER DEN BALL BEIM EINWURF EINEM GEGNER ABSICHTLICH AN DEN KOPF WIRFT?

A) *Wiederholung des Einwurfs*

B) *Einwurf für den Gegner und Gelbe Karte*

C) *Freistoß für den Gegner und Rote Karte*

150. WANN DARF DER TORWART EINEN BALL, DER VOM EIGENEN MITSPIELER KOMMT, NICHT IN DIE HAND NEHMEN?

A) *Wenn er mit dem Fuß gespielt wurde*

B) *Wenn er mit dem Kopf gespielt wurde*

C) *Wenn er mit der Brust gespielt wurde*

MÜSSEN SCHIEDSRICHTER TRAINIEREN?

Viele Fans glauben, Schiedsrichter zu sein, sei einfach: Unter der Woche lebt man sein ganz normales Leben und am Wochenende stellt man sich für 90 Minuten auf den Platz und pfeift ein bisschen.

Vor allem im Profibereich trifft das aber überhaupt nicht zu. Wie die Spieler müssen auch Schiedsrichter regelmäßig trainieren, um in den Spielen Höchstleistungen abliefern zu können. Dazu kommen Seminare zu Regeländerungen und kniffligen Spielsituationen sowie Videoschulungen. Nach jedem gepfiffenen Spiel stellen Betreuer und Ausbilder Spielszenen zusammen. Gemeinsam wird dann analysiert, ob die Entscheidungen richtig waren oder ob der Schiedsrichter auch anders hätte reagieren können.

Sobald die Unparteiischen wissen, welches Spiel sie als nächstes leiten, bereiten sie sich gezielt auf die Teams und die Paarung vor: Gibt es Spieler, die besonders viel foulen? Kann man ahnen, wie hektisch das Spiel wird? Muss sich der Schiedsrichter auf lange Bälle einrichten? Oder werden die Teams eher viele schnelle Bälle durchs Mittelfeld passen? Diese ganzen Trainingseinheiten und Vorbereitungen beschäftigen einen Schiedsrichter aus dem Profibereich an jedem Tag der Woche.

WIE LANGE DÜRFEN SCHIEDSRICHTER PFEIFEN?

Auch wenn ein Schiedsrichter die regelmäßigen Leistungstests übersteht und auf dem Fußballplatz weiterhin topfit ist, muss er sich irgendwann aus der Bundesliga verabschieden. Im Profifußball gibt es eine Altersgrenze für Schiedsrichter: Mit 47 Jahren werden sie vom DFB nicht mehr für die Bundesliga nominiert – ganz gleich, wie gut ihre Leistungen sind. Bei internationalen Spielen der FIFA und der UEFA liegt die Altersgrenze sogar bei 45 Jahren. Es gibt zwar seltene Ausnahmen, in der Regel traut man den Schiedsrichtern in diesem Alter aber nicht mehr zu, dem Spielverlauf schnell genug folgen zu können.

Anders ist es im Jugend- und Amateurfußball. Hier gibt es keine Altersgrenze, sodass sogar mancher 80-jährige Unparteiische immer noch Wochenende für Wochenende auf dem Platz steht.

Anfangen zu pfeifen darf man übrigens schon früh. Allgemein erlaubt der DFB eine Schiedsrichterausbildung ab zwölf Jahren. Manche Landesverbände sind da allerdings strenger. Dort werden Schiedsrichterlehrgänge erst für 14- oder 15-jährige Mädchen und Jungen angeboten.

HEIMSPIEL!

Der Fußball in Deutschland

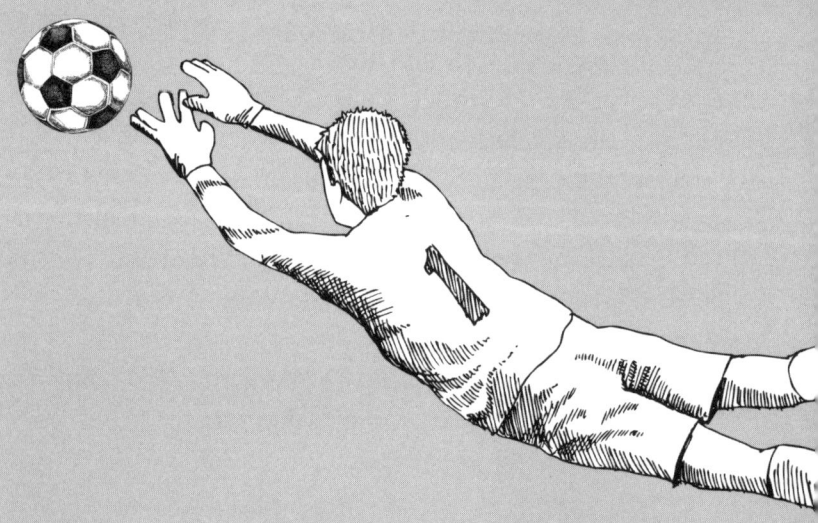

In Deutschland gilt Fußball als Volks-
sport Nr. 1. Für Sportarten finden
natürlich keine offiziellen Wettbewerbe
statt, welche die beliebteste ist.
Deshalb verleiht dem Fußball auch
niemand einen Pokal.

Dieser Begriff zeigt nur, dass sich die
Deutschen für keine andere Sportart
so sehr interessieren und begeistern
wie für den Fußball. Kein anderer Sport
wird von so vielen Menschen in diesem
Land betrieben. Kein anderer Sport
wird von so vielen Menschen live oder
im Fernsehen geschaut.

151. WIE VIELE MITGLIEDER HAT DER DFB, DER DEUTSCHE FUSSBALL-BUND?

A) *Knapp 5 Millionen*

B) *Etwa 6 Millionen*

C) *Über 7 Millionen*

152. WIE VIELE FUSSBALLSPIELE WERDEN UNGEFÄHR PRO JAHR IN DEUTSCHLAND GESPIELT?

A) *100.000*

B) *500.000*

C) *1,5 Millionen*

153. WIE VIELE MANNSCHAFTEN SIND INSGESAMT BEIM DFB GEMELDET?

A) *Etwa 100.000*

B) *Etwa 130.000*

C) *Etwa 500.000*

154. WAS IST DER GRÖßTE UNTERSCHIED ZWISCHEN DER BUNDESLIGA UND DEM DFB-POKAL?

A) *Den Pokal können mehrere Vereine gleichzeitig gewinnen*

B) *Im Pokal wird mit zehn anstatt elf Spielern gespielt*

C) *Wer ein Pokalspiel verliert, ist sofort ausgeschieden*

155. WIE HEIßT DER OFFIZIELLE AUSRICHTER DER BUNDESLIGA?

A) *Deutsche Fußball Liga*

B) *Deutscher Fußball-Bund*

C) *Deutscher Fußball-Ligaverband*

156. WIE BEZEICHNEN FANS DIE TROPHÄE, DIE DEM DEUTSCHEN MEISTER AM ENDE DER SAISON ÜBERREICHT WIRD?

A) *Schüssel*

B) *Schale*

C) *Topf*

157. WELCHE BUNDESLIGAVEREINE SIND DIE EINZIGEN, DIE LEBENDIGE MASKOTTCHEN HABEN?

A) *Eintracht Frankfurt und der 1. FC Köln*

B) *Eintracht Frankfurt und Borussia Mönchengladbach*

C) *Der 1. FC Köln und Borussia Mönchengladbach*

158. WELCHER VEREIN HAT DAS GRÖßTE FUßBALLSTADION IN DEUTSCHLAND?

A) *Hertha BSC Berlin*

B) *FC Bayern München*

C) *Borussia Dortmund*

159. WELCHEN SERVICE MUSS JEDER BUNDESLIGAVEREIN SEINEN FANS ANBIETEN?

A) *Einen Fahrservice vom Stadion nach Hause*

B) *Radioreporter für blinde Fans*

C) *Sitzheizung an jedem Platz*

160. WANN FAND DIE ERSTE BUNDESLIGASAISON STATT?

A) *1965/1966*

B) *1963/1964*

C) *1970/1971*

161. WIE VIELE MANNSCHAFTEN SPIELEN IN DER 1. BUNDESLIGA DER MÄNNER?

A) *18 Mannschaften*

B) *16 Mannschaften*

C) *20 Mannschaften*

162. WELCHES BUNDESLAND IST DAS EINZIGE, IN DEM NOCH NIEMALS BUNDESLIGA-FUßBALL GESPIELT WURDE?

A) *Saarland*

B) *Sachsen-Anhalt*

C) *Schleswig-Holstein*

163. WELCHER VEREIN WURDE DER ERSTE BUNDESLIGA-MEISTER?

A) *FC Bayern München*

B) *SC Freiburg*

C) *1. FC Köln*

164. WELCHER BUNDESLIGAVEREIN IST DAFÜR BEKANNT, BESONDERS LANGE AM JEWEILIGEN TRAINER FEST-ZUHALTEN?

A) *FC Schalke 04*

B) *FSV Mainz 05*

C) *SC Freiburg*

165. WELCHE MANNSCHAFT TRÄGT IHRE HEIMSPIELE NICHT IN DER EIGENEN STADT AUS?

A) *Borussia Mönchengladbach*

B) *TSG Hoffenheim*

C) *Eintracht Frankfurt*

166. WELCHE AUSSAGE ÜBER DIE BUNDESLIGA STIMMT?

A) *Das erste Bundesligator fiel schon vor dem offiziellen Start der Bundesliga*

B) *Die Bundesliga hieß zu Beginn offiziell Deutschland-Liga*

C) *In den ersten Jahren durften auch niederländische Teams mitspielen*

167. WIE OFT WAR BAYER LEVERKUSEN SCHON NAH AN DER MEISTERSCHAFT UND WURDE DANN DOCH NUR VIZEMEISTER?

A) *Dreimal*

B) *Viermal*

C) *Fünfmal*

168. BEI WELCHEM VEREIN HABEN DIE FANS SELBST BEIM STADION-UMBAU MITGEHOLFEN?

A) *Union Berlin*

B) *TSG Hoffenheim*

C) *1. FC Kaiserslautern*

WER STELLT DIE MANNSCHAFT AUF?

Auf dem Bolzplatz kann jedes Hobbyteam selbst entscheiden, welche Spieler eher für das Verteidigen des eigenen Tors zuständig sind und welche Spieler vorne die Tore schießen sollen. Bei offiziellen Mannschaften und regulären Spielen entscheiden solche Dinge die Trainer und Trainerinnen. Sie haben spezielle Lehrgänge und Ausbildungen absolviert, um alles zu erlernen, was man wissen muss, um eine Mannschaft zu trainieren.

Nach ihren Erfahrungen und Eindrücken aus den Trainingseinheiten stellen sie die Mannschaft auf. Sie überlegen sich eine Taktik, wie die Mannschaft das Spiel bestreiten soll. Soll sie zum Beispiel eher viele kurze Pässe spielen und sich so dem gegnerischen Tor nähern? Oder soll sie sich lieber auf das Verteidigen konzentrieren und abwarten, wie die gegnerische Mannschaft spielt? Um solche Entscheidungen treffen zu können, studieren Trainer natürlich auch die Spielweise des Gegners.

Nachdem die Taktik festgelegt ist, stellt der Trainer die Startelf auf, also die elf Spieler, die zu Beginn des Spiels auf dem Platz stehen. Durch den Einsatz der Auswechselspieler auf der Bank kann der Trainer die Spieltaktik ändern.

WOFÜR SIND TRAINER VERANTWORTLICH?

Trainer tragen nicht nur die Verantwortung für den Erfolg ihrer Mannschaft, sondern auch für das Wohl der Spieler. Unter der Woche organisieren sie die Trainingseinheiten. Jugend- und Amateurmannschaften trainieren in der Regel zweimal pro Woche. Im Profibereich stehen die Teams fast täglich auf dem Platz. Für das Training wird ein Programm erstellt: Was sollten die Spieler noch verbessern und welche Übungen könnten ihnen dabei helfen?

Vor jedem Spiel müssen sich die Trainer eine passende Taktik überlegen: Wo haben einzelne Spieler ihre Stärken, welche Spieler bilden ein gutes Team und wie kann das Spiel gewonnen werden?

Neben der taktischen Aufstellung ist auch die Stimmung im Team wichtig: Der Trainer muss seine Mannschaft motivieren und davon überzeugen, dass sie das Spiel mit vereinten Kräften gewinnen kann. Dabei muss er erreichen, dass auch die Ersatzspieler hoch motiviert sind und sich als Teil des Teams begreifen – auch wenn sie bei einem Spiel nicht auf dem Rasen stehen.

169. WIE HEIßT DIE OFFIZIELLE LIZENZ, DIE EIN TRAINER BENÖTIGT, UM EINE BUNDESLIGAMANNSCHAFT TRAINIEREN ZU DÜRFEN?

A) *Fußball-Lehrer-Lizenz*

B) *Fußball-Doktor-Lizenz*

C) *Fußball-Professor-Lizenz*

170. WAS PASSIERTE TONI SCHUMACHER ALS TRAINER VON FORTUNA KÖLN BEIM SPIEL GEGEN WALDHOF MANNHEIM AM 15. DEZEMBER 1999?

A) *Er musste als Stadion-Sprecher einspringen*

B) *Seine Frau machte ihm in der Kabine einen Heiratsantrag*

C) *Er wurde noch in der Halbzeitpause entlassen*

171. WELCHER TRAINER HAT DIE MEISTEN BUNDESLIGA-SPIELE ALS COACH ABSOLVIERT?

A) *Otto Rehhagel*

B) *Jupp Heynckes*

C) *Friedhelm Funkel*

172. WELCHER BESONDERE REKORD GELANG SILVIA NEID?

A) Sie wurde bei drei Weltmeisterschaften Torschützenkönigin

B) Sie war an allen acht EM-Titeln der deutschen Frauen-Nationalmannschaft beteiligt

C) Sie wurde mit drei verschiedenen Teams Deutscher Meister

173. WAS TESTEN TRAINER BEIM LACTAT-TEST?

A) Wie hoch die Spieler springen können

B) Wie kräftig die Spieler einen Ball köpfen können

C) Wie fit die Spieler allgemein sind

174. WIE HEIßT DER TRAINER, DER DIE DEUTSCHE NATIONALMANNSCHAFT 2014 ZUM WELTMEISTER-TITEL COACHTE?

A) Joachim »Jogi« Löw

B) Jürgen Klinsmann

C) Jürgen Klopp

WAS IST EINE VIERERKETTE?

Jede Profimannschaft spielt in einem taktischen System, in dem die Spieler auf Positionen verteilt werden. Ein Teil der Mannschaft ist für die Verteidigung zuständig, ein anderer für das Toreschießen. Dazu sollen sich die Spieler in der Regel in einem bestimmten Bereich des Spielfelds aufhalten. Die Formation, in der sie sich aufstellen, wird Taktik genannt. Vor jedem Spiel überlegen sich die Trainer, mit jeweils wie vielen Verteidigern, Mittelfeldspielern und Stürmern ihr Team spielen soll. Einzig der Torwart hat eine feste Position. Vor ihm wird die Abwehr als sogenannte Kette aufgestellt. Besteht sie aus vier Verteidigern, nennt man das Viererkette.

In dieser taktischen Formation ist die Viererkette sehr gut erkennbar: Vier Verteidiger spielen in einer Reihe.

WAS IST EINE »ABKIPPENDE NEUN«?

Immer wieder tauchen im modernen Fußball neue Begriffe auf, die sich teilweise sehr lustig anhören. Sie werden häufig von Sportreportern oder Fußballexperten geprägt, die den Zuschauern damit eine gängige Taktik veranschaulichen wollen. Auch Trainer nutzen solche Begriffe, um ihre taktischen Überlegungen verständlich zu machen.

Wird dabei von Zahlen gesprochen wie »Zehner« oder »Neuner«, sind bestimmte Spielpositionen gemeint, die sich von der klassischen Trikotnummer ableiten. Die Nummer 9 wird häufig zentralen Mittelstürmern zugeteilt, deshalb werden Mittelstürmer als »Neuner« bezeichnet. Bekommt ein Stürmer die Aufgabe, als »abkippende Neun« zu spielen, meint das, dass er nicht nur vorne in der Mitte stehen und auf Flanken warten soll. Er soll auch immer wieder ins Mittelfeld oder an die äußeren Ränder des Spielfelds laufen, um sich dort den Ball zupassen zu lassen und ihn dann nach vorne zu dribbeln oder zu spielen.

Auch für andere Positionen werden typische Nummern genannt: Der zentrale Mittelfeldspieler wird als »Zehner« bezeichnet. Im defensiven Mittelfeld spielen die »Sechser« und auf den Außenbahnen sind »Achter« unterwegs.

175. DARF EIN SPIELER, DER IN DER TAKTISCHEN FORMATION ALS VERTEIDIGER AUFGESTELLT WURDE, AUCH TORE SCHIEßEN?

A) *Ja*

B) *Nein*

C) *Nur wenn er offiziell zum Stürmer benannt wird*

176. WOFÜR STEHT DIE BEZEICHNUNG »4-3-3«?

A) *Die Serie einer Mannschaft: 4 Siege, 3 Niederlagen, 3 Unentschieden*

B) *Die taktische Aufstellung: 4 Verteidiger, 3 Mittelfeldspieler, 3 Stürmer*

C) *Eine spezielle Trainingsform: 4 Minuten Sprints, 3 Minuten Pause, 3 Minuten Sprints*

177. WER WIRD ALS »SPIELMACHER« EINER MANNSCHAFT BEZEICHNET?

A) *Der Torwart*

B) *Der Kapitän*

C) *Der zentrale Mittelfeldspieler*

178. WAS IST EINE FLANKE?

A) *Ein hoher Ball in den Strafraum*

B) *Ein kurzer Einwurf*

C) *Ein Abschlag vom Torwart*

179. IN WELCHEN MOMENTEN KANN EINE MANNSCHAFT DAS »PRESSING« NUTZEN?

A) *Wenn sie den Ball hat*

B) *Wenn die gegnerische Mannschaft den Ball hat*

C) *Bei einem Eckball*

180. WAS IST »TIKI-TAKA«?

A) *Eine spezielle Fußball-Art in Pippi-Langstrumpf-Geschichten*

B) *Eine Spielart, die auf vielen kurzen Pässen basiert*

C) *Eine Trainingsform auf einem Fußball-Kleinfeld*

HEIMSPIEL! *Der Fußball in Deutschland*

SEIT WANN GIBT ES DIE BUNDESLIGA?

In Deutschland gibt es offiziell drei Fußballligen, in denen nur Profifußballer spielen. Von unten angefangen die **3. Liga**, die **2. Bundesliga** und die **Bundesliga** als oberste Klasse. In der Bundesliga spielen die 18 besten Mannschaften Deutschlands. Sie wurde 1962 vom DFB gegründet. Die erste Saison wurde dann 1963/1964 ausgetragen. Eine Saison hat immer zwei Jahreszahlen, weil sie im Spätsommer des einen Jahres beginnt und im Frühsommer des kommenden Jahres endet – ähnlich wie das Schuljahr. Im Winter gibt es in der Regel eine kurze Winterpause, im Sommer eine lange Sommerpause. Ansonsten wird fast an jedem Wochenende zwischen August und Mai in der Bundesliga gespielt. Jede Mannschaft tritt zweimal gegen jedes andere Team an – einmal im heimischen Stadion und einmal auswärts. Aus den Ergebnissen ergibt sich die Bundesligatabelle. Wer am Ende der Spielzeit ganz oben steht, ist Deutscher Meister.

Den allersten Bundesliga-Titel konnte sich der 1. FC Köln erkämpfen. Im Sommer 1964 durfte die Mannschaft das erste Mal die Meisterschale in die Höhe recken.

WAS IST DIE RELEGATION?

Am Ende einer Saison verrät die Tabelle nicht nur, welches Team Deutscher Meister geworden ist, sondern auch, welche Mannschaften in der nächsten Saison in der 2. Bundesliga spielen müssen. Die beiden Letztplatzierten steigen automatisch ab. So werden Startplätze in der Bundesliga frei, die von den zwei besten Teams der 2. Bundesliga belegt werden – sie steigen auf. Eine Besonderheit ist die **Relegation**: In zwei Spielen tritt der drittbeste Zweitligist gegen den drittletzten Erstligisten an. Für den Erstligisten geht es dabei um den Klassenerhalt, der Zweitligist hat die Chance aufzusteigen.

Das System des Auf- und Abstiegs zieht sich von der Bundesliga ganz oben bis zur Kreisliga ganz unten. In allen Ligen wird am Ende einer Spielzeit abgerechnet: Die Ersten dürfen eine Klasse höher aufsteigen, die Letzten müssen zur neuen Saison eine Liga tiefer antreten.

Im oberen Drittel der Bundesligatabelle entscheidet sich außerdem, welche Teams in der kommenden Spielzeit an der Champions League und der Europa League teilnehmen dürfen. Die dafür notwendige Platzierung kann sich aber von Saison zu Saison ändern, da das Auswahlverfahren im Europapokal ziemlich kompliziert ist.

181. WER IST MIT 602 EINSÄTZEN DER REKORDSPIELER DER BUNDESLIGA?

A) *Oliver Kahn*

B) *Karl-Heinz Körbel*

C) *Manfred Kaltz*

182. FÜR WELCHEN BUNDESLIGAVEREIN SPIELTE ROBERT LEWANDOWSKI, BEVOR ER ZUM FC BAYERN MÜNCHEN WECHSELTE?

A) *Borussia Mönchengladbach*

B) *Tennis Borussia Berlin*

C) *Borussia Dortmund*

183. WIE LAUTET DER SPITZNAME DES BELIEBTEN EHEMALIGEN BUNDESLIGA-STÜRMERS WILLI LIPPENS?

A) *Kobra*

B) *Ente*

C) *Wolf*

HEIMSPIEL! Der Fußball in Deutschland

?

184. WER IST NACH AKTUELLEM STAND REKORD-TORSCHÜTZE DER BUNDESLIGA?

A) *Gerd Müller*

B) *Robert Lewandowski*

C) *Klaus Fischer*

185. WER WURDE AM HÄUFIGSTEN TORSCHÜTZENKÖNIG DER BUNDESLIGA?

A) *Robert Lewandowski*

B) *Miroslav Klose*

C) *Gerd Müller*

186. WER ERZIELTE DIE MEISTEN TORE INNERHALB EINER SAISON?

A) *Robert Lewandowski*

B) *Gerd Müller*

C) *Mario Gomez*

187. WANN WURDE DIE ERSTE SAISON DER FRAUEN-BUNDESLIGA AUSGETRAGEN?

A) *1964/1965*

B) *1990/1991*

C) *2001/2002*

188. WELCHE BEIDEN VEREINE WURDEN BISHER SOWOHL BEI DEN MÄNNERN ALS AUCH BEI DEN FRAUEN DEUTSCHER MEISTER?

A) *FC Bayern München und VfL Wolfsburg*

B) *FC Bayern München und 1. FC Nürnberg*

C) *FC Bayern München und Borussia Dortmund*

189. WIE HEIßT DER ERFOLGREICHSTE OSTDEUTSCHE FRAUENFUßBALLVEREIN?

A) *1. FFC Torpedo Potsdam*

B) *1. FFC Turbine Potsdam*

C) *1. FFC Tornado Potsdam*

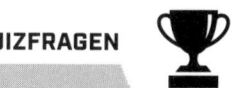

190. FÜR WELCHEN TITEL BEKOMMT MAN KEINE TROPHÄE?

A) *Torschützenkönig*

B) *Zweitligameister*

C) *Herbstmeister*

191. WELCHER MANNSCHAFT GELANG DIREKT NACH DEM AUFSTIEG AUS DER 2. BUNDESLIGA DIE MEISTERSCHAFT?

A) *FC Bayern München*

B) *VfB Stuttgart*

C) *1. FC Kaiserslautern*

192. WER SPIELT IN DER SOGENANNTEN RELEGATION UM DEN VERBLEIB IN DER BZW. DEN AUFSTIEG IN DIE BUNDESLIGA?

A) *Der Zweitplatzierte der 2. Bundesliga gegen den Vorletzten der Bundesliga*

B) *Der Meister der 3. Liga gegen den Meister der 2. Bundesliga*

C) *Der Drittplatzierte der 2. Bundesliga gegen den Drittletzten der Bundesliga*

WARUM WAR MAN IN DER 2. BUNDESLIGA MAL AUF ZWEI GLEISEN UNTERWEGS?

Als 1963/1964 die erste Bundesligasaison ausgetragen wurde, gab es nicht nur eine, sondern sogar fünf zweite Ligen. Sie wurden damals als Regionalligen bezeichnet. Mannschaften aus jeweils einer Region waren darin zusammengefasst. Elf Jahre später wurde offiziell die 2. Bundesliga eingeführt.

Dabei handelte es sich aber immer noch um zwei Ligen, die parallel ausgetragen wurden: eine nördliche und eine südliche. Dieses System wird **zweigleisig** genannt, weil die Ligen nebeneinander existierten und sowohl aus der Nord- als auch aus der Südliga Mannschaften in die Bundesliga aufsteigen konnten. 1981 wurde auch die 2. Liga zur eingleisigen Liga, die Aufteilung in Nord und Süd wurde also aufgelöst.

Die Saison 1991/1992 wurde noch einmal in zwei Ligen gespielt, weil zu diesem Zeitpunkt im wiedervereinigten Deutschland viele Vereine aus dem Osten dazukamen. Seit 1992 gibt es aber nur noch eine 2. Bundesliga.

SEIT WANN GIBT ES DIE FRAUEN-BUNDESLIGA?

Bis zur Einführung der Frauen-Bundesliga war es ein langer Weg: Die erste Saison fand 1990/1991 statt – also 27 Jahre nach der ersten Bundesligasaison der Männer. Als in der 1950er-Jahren immer mehr Frauen Fußball spielen wollten, verbot der DFB den Frauenfußball einfach – mit der Begründung, der Kampf um den Ball würde der Seele der Frauen schaden und ihre Körper unschicklich zur Schau stellen. Erst 1970 wurde dieses Verbot aufgehoben.

Ab 1974 wurde ein Finalturnier ausgetragen, in dem die Siegerinnen der einzelnen Landesverbände im K.o.-Modus wie bei einem Pokalwettbewerb den Deutschen Meister ausspielten. Im Sommer 1990 wurde dann das erste Spiel der offiziellen Frauen-Bundesliga angepfiffen – bzw. die ersten beiden Spiele. Denn noch bis 1997 war die Frauen-Bundesliga zweigleisig: Sie wurde in einer Nord- und einer Südstaffel ausgetragen. Wer hier am Ende jeweils Erster und Zweiter der Liga werden konnte, spielte dann in einem Halbfinale und Finale um die Deutsche Meisterschaft. Erst 1997 wurden die beiden Ligen zu einer Bundesliga zusammengeführt. Seitdem werden Meisterschaft und Auf- und Abstieg wie bei den Männern über die Abschlusstabelle am Ende der Saison bestimmt.

193. DER ZWEITLIGAMEISTER BEKOMMT ALS TROPHÄE EINE SCHALE ÜBERREICHT, AUF DER SIEBEN STRAHLEN ZU SEHEN SIND. WOFÜR STEHEN SIE?

A) *Für die Eigenschaften, die man braucht, um Meister zu werden*

B) *Für die sieben Gründungsmitglieder der 2. Bundesliga*

C) *Für den siebten Tag, an dem wieder ein Spiel der Mannschaft stattfindet*

194. WELCHEN ZWEITLIGA-REKORD SCHAFFTE DER TRAINER FRIEDHELM FUNKEL?

A) *Er trainierte sechs verschiedene Zweitliga-Teams*

B) *Er stieg insgesamt sechsmal in die 3. Liga ab*

C) *Er stieg insgesamt sechsmal in die Bundesliga auf*

195. WELCHEN SPITZNAMEN TRUG WILLI LANDGRAF, DER REKORDSPIELER DER 2. BUNDESLIGA?

A) *Willi, der Dauerläufer*

B) *Willi, das Kampfschwein*

C) *Willi, der ewige Zweite*

196. WIE VIELE JAHRE SPIELTE DIE TSG HOFFENHEIM IN DER 2. BUNDESLIGA?

A) *Ein Jahr*

B) *Zwei Jahre*

C) *Fünf Jahre*

197. WIE VIELE VERSCHIEDENE VEREINE HABEN SCHON IN DER 2. BUNDESLIGA GESPIELT?

A) *Weniger als 100*

B) *Um die 110*

C) *Über 120*

198. WAS WAR DAS BESONDERE AN DER ZWEITLIGASAISON 1992/1993?

A) *Das erste und einzige Mal nahmen 24 Mannschaften teil*

B) *Der Meister SC Freiburg stieg mit nur 24 Punkten auf*

C) *24 Spiele fanden ohne Zuschauer statt*

WIE VIELE TEAMS SPIELEN IN DER FRAUEN-BUNDESLIGA?

Anders als in der Bundesliga der Männer spielen bei den Frauen nicht 18 Mannschaften, sondern nur zwölf Vereine in der 1. Bundesliga. Das liegt zum einen daran, dass es immer noch weniger Frauenteams als Männer-Mannschaften gibt.

Außerdem ist es für einige Vereine auch schwierig, die Kosten im hochklassigen Frauenfußball zu tragen. Wie bei den Männern müssen ja hier nicht nur die Spielerinnen, sondern auch das Betreuerteam sowie alles rund um das Stadion und die Vereinsmitarbeiter bezahlt werden. Um für diese Kosten aufzukommen, nehmen die Vereine durch verschiedene Quellen ein. Dazu gehören Mitgliedsbeiträge, Ticketverkäufe und die Vermarktung von Fanartikeln, aber auch der Verkauf von Fernsehrechten für die Übertragung der Spiele.

Eine weitere Einnahmequelle ist das »Sponsoring«, also die finanzielle Unterstützung durch große Unternehmen, die im Gegenzug ihr Logo auf Trikots und Stadionflächen drucken dürfen. Je mehr Fans und Mitglieder ein Verein hat, desto größer ist die Reichweite dieser Werbung – und umso höher fallen die Sponsoren-Gelder aus.

Weil der Frauenfußball in den Medien nicht so viel Beachtung findet wie der Männerfußball, sind die Einnahmen der Profi-Frauenfußballvereine deutlich geringer. Ohne stärkere Aufmerksamkeit der Medien – und letztlich auch der Fans – werden Sponsoren kaum willens sein, mehr Geld in den Frauenfußball zu stecken.

Während in den großen Männer-Klubs so viel Geld fließt, dass das Jahresgehalt eines Topspielers im Millionenbereich liegt, verdienen Profifußballerinnen nur einen Bruchteil dieser Summen. Und trotzdem können sich viele kleinere Frauen-Vereine den Aufwand in der 1. und 2. Bundesliga nicht leisten. So kommt es auch, dass in den letzten Jahren immer mal wieder Traditionsvereine des Frauenfuß-balls ihre Mannschaften abgemeldet haben oder absteigen mussten und dass andere Vereine an erfolgreiche Männer-Klubs angeschlossen wurden.

Beispielsweise gibt es den erfolgreichsten Frauen-Verein Deutschlands nicht mehr. Siebenmal wurde der 1. FFC Frankfurt Deutscher Meister, sogar neun-mal Pokalsieger und viermal Champions-League-Sieger. 2020 wurde er von Eintracht Frankfurt aufgenommen. Seitdem ist der 1. FFC Geschichte.

199. WER IST MIT DEN MEISTEN SPIELEN IHRER KARRIERE REKORDSPIELERIN DER FRAUEN-BUNDESLIGA?

A) *Birgit Prinz*

B) *Kerstin Garefrekes*

C) *Inka Grings*

200. WER IST DIE REKORDTORSCHÜTZIN DER FRAUEN-BUNDESLIGA?

A) *Birgit Prinz*

B) *Kerstin Garefrekes*

C) *Inka Grings*

201. WER WURDE AM HÄUFIGSTEN ZU »DEUTSCHLANDS FUßBALLERIN DES JAHRES« GEWÄHLT?

A) *Birgit Prinz*

B) *Kerstin Garefrekes*

C) *Inka Grings*

202. WAS MACHTE DAS TEAM VOM FC WISMUT AUE IN DER FRAUEN-BUNDESLIGA 1991/1992 GANZ BESONDERS?

A) *Drei Schwestern spielten gemeinsam in einer Mannschaft*

B) *Die Präsidentin des Vereins war gleichzeitig Torhüterin*

C) *Drei Zwillingspaare spielten in der ersten Mannschaft*

203. WIE ENDETE 2006 DAS FRAUEN-BUNDESLIGASPIEL 1. FFC FRANKFURT – FSV FRANKFURT?

A) *17:0*

B) *12:2*

C) *8:7*

204. WAS GELANG DEM SC BAD NEUENAHR IN DEN SIEBEN JAHREN ZWISCHEN 1991 UND 1997 IN DER FRAUEN-BUNDESLIGA?

A) *Dreimal Abstieg, dreimal Aufstieg*

B) *Dreimal Meister, dreimal Pokalsieger*

C) *Siebenmal die gleiche Punktzahl am Ende der Saison*

WIE KANN MAN DEN DFB-POKAL GEWINNEN?

Der DFB-Pokal ist neben der Meisterschale die wichtigste Trophäe, die man im deutschen Fußball gewinnen kann. Hier spielen die Mannschaften nicht in einem Ligasystem mit Hin- und Rückspiel und einer Abschlusstabelle wie in der Bundesliga, sondern im K.-o.-Modus. Ab der ersten Runde stehen sich die Mannschaften in direkten Duellen gegenüber. Nur wer dieses eine Spiel gewinnt, erreicht die nächste Runde. Der Verlierer geht also K.o. Durch dieses System werden es von Runde zu Runde immer weniger Mannschaften – bis am Ende nur noch zwei Teams übrig bleiben. Sie bestreiten das Finale und spielen darum, wer den Pokal mit nach Hause nehmen darf.

Das Finale des DFB-Pokals wird jedes Jahr im Berliner Olympiastadion ausgetragen. Das Spiel in der Hauptstadt Deutschlands soll die Bedeutung dieses Wettbewerbs unterstreichen. Mit der Reise zum Finalort im Hinterkopf rufen Fans bei Siegen im DFB-Pokal deshalb immer vorfreudig: »Berlin, Berlin – wir fahren nach Berlin!«

WAS WIRD BEIM DFB-POKAL AUSGELOST?

Das Spannende am DFB-Pokal ist die Tatsache, dass hier nicht nur Mannschaften aus einer Liga gegeneinander spielen. Profiteams treffen auf Amateurmannschaften. Aus jedem Landesverband können sich Vereine für den DFB-Pokal qualifizieren. Die Teilnahme am Pokal ist für sie eine ganz besondere Chance. Nicht nur, weil es am Ende einen Pokal zu gewinnen gibt, sondern vor allem, weil sie die Möglichkeit bekommen, gegen einen der großen Vereine Deutschlands zu spielen. Da der DFB-Pokal im K.o.-Modus ausgetragen wird, hat jedes Team eine gleichwertige Chance weiterzukommen.

Die Paarungen werden in jeder Runde neu ausgelost. Dabei wird den Amateurvereinen jeweils eine Profimannschaft zugelost. Und so kommt es immer wieder vor, dass erfolgreiche Mannschaften wie der FC Bayern oder Borussia Dortmund bei kleinen Dorfvereinen antreten müssen. Für diese Vereine sind solche Spiele natürlich der Höhepunkt der Saison, selbst wenn die Chance zu gewinnen nicht besonders hoch ist.

205. WELCHE MANNSCHAFTEN AUS DEN ERSTEN BEIDEN BUNDESLIGEN NEHMEN AM DFB-POKAL TEIL?

A) *Alle 36 Mannschaften*

B) *Die 18 Erstligisten und die drei besten Zweitligisten*

C) *Die jeweils besten zwölf Mannschaften aus beiden Ligen*

206. WAS WAR NOCH BIS 2007 IM DFB-POKAL MÖGLICH?

A) *Dass zwei Mannschaften aus demselben Verein teilnahmen*

B) *Dass bei einem Unentschieden ausgelost wurde, welches Team weiterkam*

C) *Dass ein Betreuer als Schiedsrichter fungierte*

207. WO FINDET EIN POKALSPIEL STATT, BEI DEM EINE AMATEURMANNSCHAFT GEGEN EINE PROFIMANNSCHAFT ANTRITT?

A) *Auf einem neutralen Platz*

B) *Im Stadion der Amateurmannschaft*

C) *Im Stadion der Profimannschaft*

208. WELCHEN TRAURIGEN REKORD HÄLT DER MSV DUISBURG IM DFB-POKAL?

A) *Er hat erst zweimal die erste Runde überstanden*

B) *Er stand viermal im Finale, hat aber noch nie gewonnen*

C) *Er hat noch nie ein Heimspiel zugelost bekommen*

209. NUR EIN SPIELER KONNTE BISHER DREIMAL IN SERIE DEN DFB-POKAL GEWINNEN: KURT SOMMERLATT. FÜR WEN STAND ER DABEI AUF DEM FELD?

A) *FC Bayern München*

B) *FC Bayern München und Karlsruher SC*

C) *VfB Stuttgart und Hertha BSC Berlin*

210. 1995 ENDETE DIE PARTIE SV SANDHAUSEN – VFB STUTTGART ERST NACH DEM LÄNGSTEN ELFMETER-SCHIEßEN ALLER ZEITEN. DAS ERGEBNIS:

A) *8:7*

B) *12:11*

C) *15:14*

211. WIE GROß IST DER DFB-POKAL?

A) *52 cm*

B) *22 cm*

C) *92 cm*

212. IN DEN SOCKEL DES DFB-POKALS SIND DIE GEWINNER EINGRAVIERT. WARUM FINDET SICH »MÜNCHEN« DORT HÄUFIGER, ALS DER FC BAYERN DEN WETTBEWERB GEWINNEN KONNTE?

A) *Der Künstler machte einen Fehler*

B) *Der Pokal wurde in München hergestellt, was auch auf ihm vermerkt ist*

C) *Der TSV 1860 München konnte den Pokal auch zweimal gewinnen*

213. WER HAT DIE MEISTEN SPIELE ALLER ZEITEN IM DFB-POKAL BESTRITTEN?

A) *Gerd Müller*

B) *Bastian Schweinsteiger*

C) *Mirko Votava*

214. WELCHES TEAM GEWANN ALS BISHER EINZIGER ZWEITLIGIST DEN DFB-POKAL?

A) *Fortuna Düsseldorf*

B) *1. FC Magdeburg*

C) *Hannover 96*

215. DER FC BAYERN MÜNCHEN IST REKORDPOKALSIEGER. WELCHER KLUB HAT DIE ZWEITMEISTEN TITEL GEWONNEN?

A) *Borussia Dortmund*

B) *1. FC Köln*

C) *Werder Bremen*

216. WAS IST DER SUPERCUP?

A) *Ein Vorbereitungsturnier vor der Saison*

B) *Ein Pokalwettbewerb zwischen allen Pokalsiegern der letzten zehn Jahre*

C) *Ein Pokalwettbewerb zwischen dem Deutschen Meister und dem DFB-Pokalsieger*

WO WIRD IM WINTER FUßBALL GESPIELT?

Im Winter, wenn es draußen kalt wird und die Fußballplätze gefroren sind, schnappen sich viele Mannschaften den Ball und gehen zum Kicken in die Sporthalle. Hier ist es warm, der Schnee kann die Torlinie nicht überdecken und der Ball wird nicht vom stürmischen Wind weggeweht. Allerdings fehlt zum wahren Fußballgenuss der Rasen. In der Halle wird Fußball auf hartem Sportboden gespielt. Der Untergrund ist so robust, weil beispielsweise beim Hand- oder Basketball der Ball zum Spieler zurückspringen soll. Das sorgt aber natürlich dafür, dass die Spieler nicht mehr so weich fallen wie auf dem Rasen eines Fußballfelds.

Und auch sonst unterscheidet sich Hallenfußball: Das Feld ist kleiner als draußen, der Ball rollt schneller über den glatten Boden als über stumpfen Rasen und es gibt Wände, von denen der Ball zurückspringen kann. Beim Hallenfußball müssen Spielerinnen und Spieler in der Regel nicht so weit laufen wie auf einem großen Feld, dafür häufiger kleine Sprints machen. Denn das Spiel ist viel schneller, der Ball wechselt häufiger die Richtung.

WIE HAT SICH DER HALLENFUSSBALL IN DEUTSCHLAND VERÄNDERT?

Noch immer spielen viele Kinder und Jugendliche sehr gerne in der Sporthalle Fußball – entweder mit ihrer Vereinsmannschaft, einer Hobby-Truppe oder im Schulsport. Auch bei den Profis in Deutschland war Hallenfußball lange Zeit beliebt. Im Winter gab es regelmäßige Turniere, an denen viele Profimannschaften teilnahmen. Für die Fans war das ein tolles Spektakel: Sie mussten auch in der Winterpause nicht auf Fußball verzichten. Und außerdem herrschte in den Hallen immer Partystimmung mit lauter Musik. Die Zuschauer saßen und standen auch viel näher an ihren großen Stars als in den riesigen Stadien.

Mittlerweile gibt es solche Turniere nur noch extrem selten. Die Pausen im normalen Spielbetrieb sind für die Spieler immer kürzer geworden. Und die Trainer haben Sorge, dass sich ihre Spieler beim schnellen und ruppigen Hallenfußball verletzen könnten.

Im Kinder- und Jugendfußball ist Hallenfußball aber nach wie vor beliebt. Doch auch hier hat es in den letzten Jahren eine große Entwicklung gegeben. Sehr viele Mannschaften spielen mittlerweile nämlich die besondere Form »Futsal«.

217. WOHER STAMMT FUTSAL URSPRÜNGLICH?

A) *Aus Südostasien*

B) *Aus Nordafrika*

C) *Aus Südamerika*

218. WAS PASSIERT BEIM FUTSAL, WENN DER BALL SEITLICH AUS DEM SPIELFELD GESCHOSSEN WIRD?

A) *Er prallt von der Bande zurück und das Spiel geht weiter*

B) *Er wird von der Seitenlinie aus eingeworfen*

C) *Er wird von der Seitenlinie aus eingeschossen*

219. WAS UNTERSCHEIDET DEN FUTSAL-BALL VON EINEM REGULÄREN FUßBALL?

A) *Er ist rot*

B) *Er springt weniger weit*

C) *Er besteht aus Filz*

220. IN VIELEN LÄNDERN WIRD FUTSAL PROFESSIONELL GESPIELT. SEIT WANN GIBT ES IN DEUTSCHLAND DIE FUTSAL-BUNDESLIGA?

A) *Seit 1998*

B) *Seit 2009*

C) *Seit 2021*

221. WAS TRIFFT BEIM FUTSAL NICHT ZU?

A) *Nach fünf Fouls einer Mannschaft gibt es bei jedem weiteren Foul einen Strafstoß*

B) *Nach einer Roten Karte darf sich die Mannschaft nach zwei Minuten wieder vervollständigen*

C) *Tore per Fallrückzieher zählen doppelt*

222. WAS IST DAS BESONDERE AM FUTSAL-SCHIEDSRICHTER?

A) *Er sitzt auf einem Hochstuhl*

B) *Es gibt zwei Schiedsrichter*

C) *Er teilt den Zuschauern seine Entscheidungen übers Mikrofon mit*

DIE ERDE IST EIN BALL!

Der Fußball auf der ganzen Welt

Nicht nur in Deutschland – überall auf der Welt ist Fußball extrem beliebt. Deshalb liegt nicht nur auf der Bundesliga oder dem DFB-Pokal so viel Aufmerksamkeit.

Sehr spannend sind auch die internationalen Turniere. Alle Fußballfans freuen sich riesig, wenn die besten Spieler eines Landes mit ihren Nationalmannschaften gegen die Auswahl eines anderen Landes antreten. Denn dann bekommt man häufig auch besonders guten Fußball zu sehen.

223. WER BESTIMMT, WELCHE SPIELER BEI DER NATIONALMANNSCHAFT SPIELEN?

A) *Die Trainer aller Bundesligavereine*

B) *Der DFB-Präsident*

C) *Der Bundestrainer*

224. WIE LANGE IST EIN SPIELER NATIONALSPIELER?

A) *Mindestens eine aktuelle Saison lang*

B) *Nur für das aktuelle Länderspiel*

C) *Mindestens für den Zeitraum zwischen zwei großen Turnieren*

225. WELCHE SPIELER WERDEN IN DIE U21-NATIONAL-MANNSCHAFT BERUFEN?

A) *Spieler mit weniger als 21 Bundesliga-spielen*

B) *Spieler, die unter 21 Jahre alt sind*

C) *Spieler mit weniger als 21 Länderspielen*

226. IN WELCHEM RHYTHMUS WERDEN WELTMEISTER-SCHAFTEN AUSGETRAGEN?

A) *Alle zwei Jahre*

B) *Alle vier Jahre*

C) *Unregelmäßig*

227. WO FAND DIE ERSTE WELTMEISTERSCHAFT 1930 STATT?

A) *In Deutschland*

B) *In Südafrika*

C) *In Uruguay*

228. WELCHES LAND KONNTE BISHER DIE MEISTEN WM-TITEL ERRINGEN?

A) *Deutschland*

B) *Italien*

C) *Brasilien*

229. WELCHES SPIEL IST MIT 200.000 FANS DAS WM-SPIEL MIT DER HÖCHSTEN ZUSCHAUERZAHL?

A) *Brasilien – Uruguay bei der WM 1950*

B) *Deutschland – Brasilien bei der WM 2002*

C) *Brasilien – Italien bei der WM 1970*

230. IN WELCHEM LAND FAND 2010 DIE ERSTE FUSSBALL-WELTMEISTERSCHAFT AUF DEM AFRIKANISCHEN KONTINENT STATT?

A) *Kamerun*

B) *Ghana*

C) *Südafrika*

231. MIT WELCHEM ERGEBNIS GING DAS LEGENDÄRE WM-HALBFINALE 2014 DEUTSCHLAND – BRASILIEN AUS?

A) *7:1*

B) *1:7*

C) *7:7*

232. WAS GELANG FRANZ BECKENBAUER ALS EINZIGEM DEUTSCHEN FUßBALLER?

A) *Er wurde sowohl als Spieler als auch als Trainer Weltmeister*

B) *Er wurde zweimal Torschützenkönig in einer Weltmeisterschaft*

C) *Er stand dreimal als Spieler im WM-Finale*

233. WIE VIELE LÄNDERSPIELE BESTRITT LOTHAR MATTHÄUS, DER DEUTSCHE REKORD-NATIONALSPIELER?

A) *149*

B) *150*

C) *151*

234. WER IST DER REKORDTORSCHÜTZE DER DEUTSCHEN NATIONALMANNSCHAFT?

A) *Gerd Müller*

B) *Lukas Podolski*

C) *Miroslav Klose*

WIE HEIßEN DIE INTERNATIONALEN FUßBALLVERBÄNDE?

Der Deutsche Fußball-Bund ist für die Organisation des deutschen Fußballs zuständig. So wie das Land Deutschland zum Kontinent Europa gehört, ist auch der DFB nur einer von 55 Nationalverbänden des europäischen Fußballbunds UEFA. Und dieser wiederum gehört neben fünf anderen Kontinental-Verbänden dem Weltverband FIFA an.

FIFA

Fédération Internationale de Football Association
(Internationaler Verband des Association Football)
211 Verbände

CONCACAF

Confederation of North, Central America and Caribbean Association Football
(Nord- und Zentralamerikanischer und Karibischer Fußballverband)
35 Verbände

CONMEBOL

Confederación Sudamericana de Fútbol
(Südamerikanischer Fußballverband)
10 Verbände

WAS IST DIE KLUB-WM?

Bei der Klub-Weltmeisterschaft wird die beste Vereinsmannschaft der Welt gekührt. Die Gewinner der höchsten Spielklasse jedes Kontinantalverbands spielen dabei gegeneinander. Aus Europa nimmt also der Gewinner der Champions League an dem Turnier teil. Außerdem ist immer noch eine Mannschaft aus dem Gastgeberland dabei. Die Klub-WM wird jedes Jahr ausgetragen.

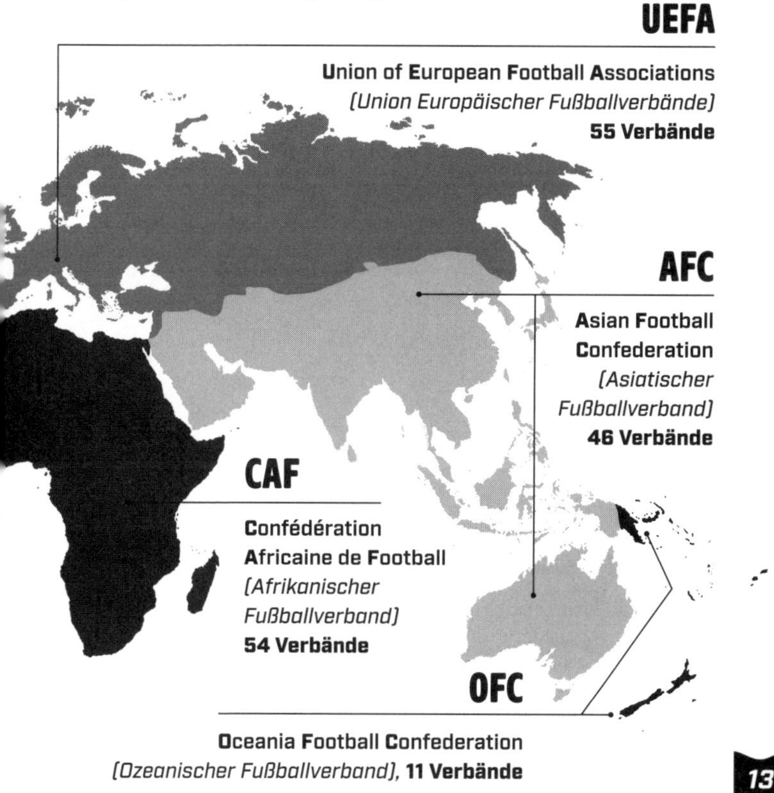

DIE ERDE IST EIN BALL! *Der Fußball auf der ganzen Welt*

UEFA

Union of European Football Associations
(Union Europäischer Fußballverbände)
55 Verbände

AFC

Asian Football Confederation
(Asiatischer Fußballverband)
46 Verbände

CAF

Confédération Africaine de Football
(Afrikanischer Fußballverband)
54 Verbände

OFC

Oceania Football Confederation
(Ozeanischer Fußballverband), **11 Verbände**

137

235. WER ORGANISIERT DIE EUROPAMEISTERSCHAFT?

A) *FIFA*

B) *DFB*

C) *UEFA*

236. WIE HÄUFIG WIRD DIE EUROPAMEISTERSCHAFT AUSGETRAGEN?

A) *Alle vier Jahre*

B) *Alle drei Jahre*

C) *Unregelmäßig*

237. WIE VIELE MANNSCHAFTEN NEHMEN AN EINER EUROPAMEISTERSCHAFT TEIL?

A) *16*

B) *24*

C) *32*

238. UNTER WELCHEM NAMEN WURDEN DIE ERSTEN BEIDEN EUROPAMEISTERSCHAFTEN VERANSTALTET?

A) *Europapokal der Fußball-National-mannschaften*

B) *Nationen-Cup*

C) *Europapokal der Nationen*

239. WAS UNTERSCHEIDET DIE QUALIFIKATION ZUR EM VON DER ZUR WM?

A) *Sie wird nicht in Gruppen ausgetragen*

B) *Auch der amtierende Sieger muss sich qualifizieren*

C) *Es gibt keine Hin- und Rückspiele*

240. WELCHE NATIONALMANNSCHAFTEN KONNTEN BISHER DIE MEISTEN EUROPAMEISTER-TITEL GEWINNEN?

A) *Spanien und Frankreich*

B) *Frankreich und Deutschland*

C) *Deutschland und Spanien*

241. WEM GELANG ES, SOWOHL ALS SPIELER ALS AUCH ALS TRAINER EUROPAMEISTER ZU WERDEN?

A) *Franz Beckenbauer*

B) *Joachim »Jogi« Löw*

C) *Berti Vogts*

242. WELCHER SPIELER HAT DIE MEISTEN EUROPA-MEISTERSCHAFTSSPIELE BESTRITTEN?

A) *Cristiano Ronaldo*

B) *Bastian Schweinsteiger*

C) *Zlatan Ibrahimović*

243. WIE LANGE LIEF DAS SPIEL, ALS DER RUSSE DMITRI KIRITSCHENKO 2004 DAS SCHNELLSTE TOR DER EM-GESCHICHTE ERZIELTE?

A) *1 Minute und 28 Sekunden*

B) *1 Minute und 16 Sekunden*

C) *1 Minute und 7 Sekunden*

244. WAS GELANG DEM ITALIENER GIANLUIGI BUFFON ALS BISHER EINZIGEM TORHÜTER?

A) *Er erzielte ein Tor in einem EM-Finale*

B) *Er hielt bei drei Europameisterschaften jeweils mindestens einen Elfmeter*

C) *Er schoß selbst zwei Elfmetertore*

245. WAS GIBT ES BEI EINER EUROPAMEISTERSCHAFT NICHT?

A) *K.o.-Runde*

B) *Spiel um Platz drei*

C) *Verlängerungen*

246. WIE VIELE KILO MÜSSEN DIE SPIELER IN DIE LUFT STEMMEN, WENN SIE DEN EUROPA- MEISTERSCHAFTSPOKAL GEWINNEN?

A) *6 kg*

B) *8 kg*

C) *10 kg*

WAS IST DIE CHAMPIONS LEAGUE?

Nicht nur die Nationalmannschaften ermitteln regelmäßig das beste Team Europas. Auch die Vereine messen sich im internationalen Vergleich. Die stärksten Teams der europäischen Ligen spielen jedes Jahr in der Champions League, also der Liga der Meister.

Über ein kompliziertes Verfahren legt die UEFA fest, wie viele Mannschaften aus einem Land an der jeweiligen Champions-League-Saison teilnehmen dürfen. Entscheidend ist dabei die Fünfjahreswertung: Nach einem speziellen Punktesystem werden die Gesamterfolge einer Nationalliga in den letzten fünf Jahren zusammengerechnet. Die erfolgreichsten Ligen dürfen bis zu vier Vereine stellen. Dazu zähle[n] vor allem die englische Premier League u[nd] die spanische Primera División, aber auch die italienische Serie A und die deutsche Bundesliga. Aus kleinen und weniger erfolgreichen Ligen wie der Schweizer Supe[r] League nimmt maximal ein Verein teil.

Die qualifizierten Mannschaften spielen wie bei der EM zuerst in einer Gruppenphase. Die Gruppenbesten erreichen die K.o.-Phase. Von da an geht es Schritt für Schritt im Pokal-Modus bis ins Finale.

WELCHE EUROPÄISCHEN LIGEN GIBT ES NOCH?

Auch im europäischen Fußball gibt es sozusagen eine zweite und eine dritte Liga. Die nicht ganz so starken Teams aus den einzelnen Ländern spielen in der **Europa League** gegeneinander.

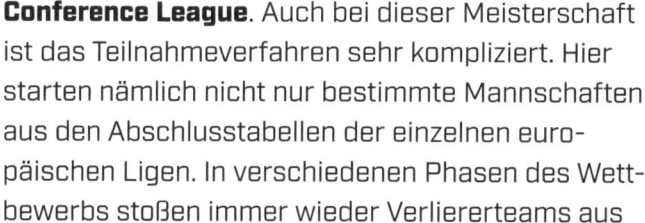

Seit der Saison 2021/2022 gibt es auch noch einen dritten europäischen Vereinswettbewerb: die **Europa Conference League**. Auch bei dieser Meisterschaft ist das Teilnahmeverfahren sehr kompliziert. Hier starten nämlich nicht nur bestimmte Mannschaften aus den Abschlusstabellen der einzelnen europäischen Ligen. In verschiedenen Phasen des Wettbewerbs stoßen immer wieder Verliererteams aus

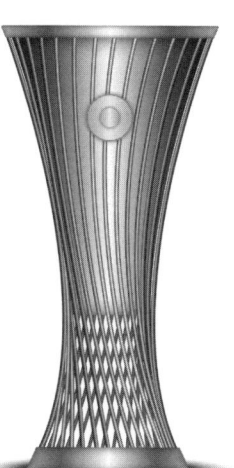

den anderen beiden Wettbewerben, der Champions League und der Europa League, dazu.

Der Sieger der neu gegründeten Europa Conference League darf diesen Pokal in die Luft stemmen.

DIE ERDE IST EIN BALL! *Der Fußball auf der ganzen Welt*

QUIZFRAGEN

DIE ERDE IST EIN BALL! *Der Fußball auf der ganzen Welt* **?**

247. WIE WIRD DIE CHAMPIONS LEAGUE VON VIELEN FANS UND REPORTERN GENANNT?

A) *Kaiserpokal*

B) *Königsklasse*

C) *Narrencup*

248. WIE VIELE DEUTSCHE VEREINE KONNTEN BISHER DIE CHAMPIONS LEAGUE GEWINNEN?

A) *Zwei*

B) *Drei*

C) *Vier*

249. WIE VIELE DEUTSCHE VEREINE KONNTEN BISHER DIE WOMEN'S CHAMPIONS LEAGUE GEWINNEN?

A) *Zwei*

B) *Drei*

C) *Vier*

250. OTTMAR HITZFELD GELANG ALS TRAINER ETWAS AUßERGEWÖHNLICHES. WAS GENAU?

A) *Er gewann die Champions League mit zwei verschiedenen Vereinen*

B) *Er gewann die Champions League in zwei Jahren nacheinander*

C) *Er gewann die Champions League insgesamt dreimal*

251. GEGEN WELCHES TEAM SCHOSS LIONEL MESSI 2005 SEIN ERSTES CHAMPIONS-LEAGUE-TOR?

A) *Real Madrid*

B) *Panathinaikos Athen*

C) *Werder Bremen*

252. WELCHE EUROPÄISCHEN TURNIERE KONNTE OLIVER KAHN GEWINNEN?

A) *Europameisterschaft, UEFA-Cup und Champions League*

B) *UEFA-Cup und Champions League*

C) *Europameisterschaft und UEFA-Cup*

253. WELCHE BESONDERE REGEL GIBT ES BEI INTERNATIONALEN SPIELEN WIE DER CHAMPIONS LEAGUE ODER DEM UEFA-CUP?

A) *Es darf nur zweimal gewechselt werden*

B) *Auswärts geschossene Tore können doppelt gezählt werden*

C) *Auch in der Vorrunde kann es kein Unentschieden geben*

254. WELCHER VEREIN KONNTE BISHER AM HÄUFIGSTEN DEN UEFA-CUP GEWINNEN?

A) *FC Barcelona*

B) *FC Liverpool*

C) *FC Sevilla*

255. WAS SORGTE IM HALBFINALE DES UEFA-CUPS 2009 DAFÜR, DASS WERDER BREMEN GEGEN DEN HAMBURGER SV GEWANN?

A) *Ein Dackel*

B) *Ein Gänseblümchen*

C) *Eine Papierkugel*

256. 1999 WURDE DAS LETZTE MAL DER POKAL DER POKALSIEGER AUSGETRAGEN. WER KONNTE IHN GEWINNEN?

A) *Lazio Rom*

B) *Paris Saint-Germain*

C) *Ajax Amsterdam*

257. WELCHES DEUTSCHE TEAM KONNTE NEBEN BAYERN MÜNCHEN, DEM BVB UND DEM HSV EBENFALLS DEN POKAL DER POKALSIEGER GEWINNEN?

A) *Dynamo Dresden*

B) *Hansa Rostock*

C) *1. FC Magdeburg*

258. WELCHEN DIESER WETTBEWERBE HAT ES NIE GEGEBEN?

A) *UEFA Intertoto Cup*

B) *UEFA Europa Conference League*

C) *UEFA Top Club Cup*

259. NICHT NUR IN EUROPA GIBT ES EINE CHAMPIONS LEAGUE. AUF WELCHEM KONTINENT WIRD DIE »COPA LIBERTADORES« AUSGETRAGEN?

A) *Asien*

B) *Afrika*

C) *Südamerika*

260. AUF WELCHEM KONTINENT WIRD DIE AFC CHAMPIONS LEAGUE AUSGETRAGEN?

A) *Asien*

B) *Afrika*

C) *Südamerika*

261. AUF WELCHEM KONTINENT WIRD DIE CAF CHAMPIONS LEAGUE AUSGETRAGEN?

A) *Asien*

B) *Afrika*

C) *Südamerika*

262. WIE VIELE MANNSCHAFTEN DÜRFEN AN DER OFFIZIELLEN KLUB-WELTMEISTERSCHAFT TEILNEHMEN?

A) *Fünf*

B) *Sechs*

C) *Sieben*

263. WIE HÄUFIG WIRD DIE KLUB-WELTMEISTERSCHAFT AUSGETRAGEN?

A) *Alle vier Jahre, wie die Weltmeisterschaft*

B) *Alle zwei Jahre*

C) *Jedes Jahr*

264. WELCHER DEUTSCHE SPIELER NAHM AM HÄUFIGSTEN AN EINER KLUB-WM TEIL?

A) *Thomas Müller*

B) *Michael Ballack*

C) *Toni Kroos*

NACHSPIEL-ZEIT!

Kurioses und Unglaubliches vom Fußball

Eigentlich ist Fußball ja so einfach:
22 Menschen laufen 90 Minuten lang
einem Ball hinterher.

Trotzdem wird es rund um den Fußball
nicht langweilig. Es gibt für Fans so
viel zu diskutieren, für Reporter so viele
verrückte und spannende Geschichten
zu erzählen und für Statistik-Fans, die
Zahlen vergleichen und Tabellen aufstellen, so viele außergewöhnliche
Fakten zu sammeln. All das macht aus
dem Fußball mehr als nur ein einfaches
anderthalbstündiges Spiel.

265. WIE VIELE TAGE LAGEN ZWISCHEN DEM ERSTEN BUNDESLIGATOR VON HENNING BÜRGER UND SEINEM ZWEITEN?

A) *365 Tage*

B) *2.814 Tage*

C) *3.970 Tage*

266. WAS VERBINDET DIE KARRIEREN DER GESCHWISTER ANNA UND YANNICK GERHARDT?

A) *Beide machten ihr erstes Bundesliga-spiel für den 1. FC Köln*

B) *Anna trainierte ihren Bruder bis zur A-Jugend*

C) *Yannick trainierte seine Schwester bis zur A-Jungend*

267. WAS PASSIERTE DEM SCHALKER SPIELER FRIEDEL RAUSCH 1969 IM DERBY GEGEN BORUSSIA DORTMUND?

A) *Er verlor während des Spiels seine Hose*

B) *Er kam ohne Fußballschuhe aus der Kabine*

C) *Er wurde von einem Hund in den Po gebissen*

268. WIE LAUTEN DIE BEIDEN KÜRZESTEN SPIELERNAMEN DER BUNDESLIGA-GESCHICHTE?

A) *Boa und Wat*

B) *Hä und Hö*

C) *Ey und Ba*

269. WELCHER VORNAME IST DER HÄUFIGSTE DER BUNDESLIGA-GESCHICHTE?

A) *Michael*

B) *Markus*

C) *Leroy*

270. GENAUSO VIELE NAMEN WIE VEREINE, FÜR DIE ER IN DER BUNDESLIGA BISHER GESPIELT HAT: WIE HEIßT DER KAMERUNER NATIONALSPIELER, DER FÜR DEN HAMBURGER SV, FÜR NÜRNBERG, MAINZ, SCHALKE UND BAYERN MÜNCHEN AUF DEM PLATZ STAND?

A) *Maxim Eric-Jean Choupo-Moting*

B) *Jean-Eric Maxim Moting-Choupo*

C) *Jean-Eric Maxim Choupo-Moting*

271. WIE ENDETE DIE SAISON 2001/2002 FÜR MICHAEL BALLACK?

A) *Er wurde Weltfußballer*

B) *Er wurde in vier Wettbewerben jeweils Vierter*

C) *Er wurde Torschützenkönig, aber nicht für die WM nominiert*

272. 2009 SCHOSS HANNOVER 96 BEIM BUNDESLIGASPIEL GEGEN MÖNCHENGLADBACH SECHS TORE. WARUM GEWANNEN SIE DAS SPIEL TROTZDEM NICHT?

A) *Borussia Mönchengladbach erzielte sogar sieben Treffer*

B) *Das Spiel wurde wegen Ausschreitungen abgebrochen*

C) *Drei der sechs Tore waren Eigentore*

273. WAS KÖNNEN FANS DES HAMBURGER SV DIREKT AM HAMBURGER STADION TUN?

A) *Sich einen Maßanzug schneidern lassen*

B) *Sich beerdigen lassen*

C) *Sich die Haare schneiden lassen*

274. WER SINGT DIE OFFIZIELLE HYMNE DES 1. FC UNION BERLIN?

A) *Nina Hagen*

B) *Nena*

C) *Helene Fischer*

275. WER SINGT DAS LIED »BOCHUM«, DAS VOR HEIM-SPIELEN DES VFL BOCHUM IM STADION ERTÖNT?

A) *Udo Lindenberg*

B) *Sascha*

C) *Herbert Grönemeyer*

276. WER SINGT »MER STONN ZO DIR, FC KÖLLE«, DIE VEREINSHYMNE DES 1. FC KÖLN?

A) *Höhner*

B) *Brings*

C) *Bläck Fööss*

277. WIE VIELE BUNDESLIGASPIELE HAT JÜRGEN KLOPP ALS SPIELER BESTRITTEN?

A) *Keins*

B) *Sieben*

C) *21*

278. WELCHE AUSZEICHNUNG GEWANN JÜRGEN KLOPP 2008 IN DEUTSCHLAND?

A) *Brillenträger des Jahres*

B) *Trainer des Jahres*

C) *Fernsehpreis*

279. WELCHEN SPITZNAMEN GAB SICH JÜRGEN KLOPP SELBST, ALS ER BEGANN, FÜR DEN FC LIVERPOOL ZU ARBEITEN?

A) *»The German one«*

B) *»The special one«*

C) *»The normal one«*

280. IN SEINEM ERSTEN BUNDESLIGASPIEL FÜR BORUSSIA DORTMUND WURDE ERLING HAALAND NUR EINGEWECHSELT. WIE VIELE TORE ERZIELTE ER TROTZDEM NOCH?

A) *Eins*

B) *Zwei*

C) *Drei*

281. WIE VIELE TORE HATTE ERLING HAALAND NACH SEINEN ERSTEN DREI BUNDESLIGASPIELEN ERZIELT?

A) *Fünf*

B) *Sieben*

C) *Zehn*

282. IN DER SAISON 2020/2021 STELLTE ERLING HAALAND EINEN WEITEREN REKORD AUF. WAS GELANG IHM?

A) *Der schnellste Sprint*

B) *Die wenigsten Auswechslungen*

C) *Die meisten Kopfballtore*

283. WELCHEN REKORD HÄLT LUKAS PODOLSKI?

A) *Er ist Rekordtorschütze des 1. FC Köln*

B) *Er schoss zwölf Mal das »Tor des Monats«*

C) *Er schoss exakt jedes zweite Tor mit links*

284. NOCH WÄHREND SEINER AKTIVEN KARRIERE WURDE LUKAS PODOLSKI ZUM GESCHÄFTSMANN. WAS VERKAUFTE ER?

A) *Döner*

B) *Eis*

C) *Mode*

285. AUF WELCHEN PLATZ IN DEN DEUTSCHEN MUSIK-CHARTS SCHAFFTE ES LUKAS PODOLSKI?

A) *Auf keinen, er kann nicht singen*

B) *Auf Platz 47*

C) *Auf Platz 26*

286. OLIVER KAHN IST NACH MANUEL NEUER DER TORHÜTER MIT DEN MEISTEN »WEIßEN WESTEN« DER BUNDESLIGA. WIE OFT SPIELTE ER ZU NULL?

A) *96 Mal*

B) *106 Mal*

C) *196 Mal*

287. WELCHEN BESONDEREN REKORD HÄLT TOMISLAV PIPLICA, DER EHEMALIGE TORHÜTER DES FC ENERGIE COTTBUS?

A) *Er trug als einziger Bundesliga-Torwart die Trikotgröße 5XL*

B) *Er erzielte insgesamt drei Eigentore*

C) *Er schoss mehr Elfmeter, als er halten musste*

288. WER ERZIELTE ALS TORHÜTER DAS ERSTE TOR AUS DEM LAUFENDEN SPIEL HERAUS?

A) *Jens Lehmann*

B) *Andreas Köpke*

C) *Hans Jörg Butt*

WAS SIND DIE VERRÜCKTESTEN FUSSBALL-REKORDE AUS ALLER WELT?

Immer wieder stechen Fakten und Begebenheiten aus der Fußballwelt ganz besonders heraus – wie zum Beispiel diese:

Die meisten Eigentore in einem Profi-Spiel dürfte der Belgier Stan van den Buys geschossen haben. Sein Team Germinal Ekeren verlor gegen den RSC Anderlecht mit 2:3. Alle drei Anderlechter Tore schoss van den Buys – nämlich ins eigene Tor.

Fast 150 Eigentore fielen sogar in einer Partie in Madagaskar. Die Spieler von Stade Olympique de l'Emyrne waren so unzufrieden mit der Schiedsrichterleistung, dass sie im Spiel gegen AS Adema einfach immer ins eigene Tor schossen. Insgesamt 149 Mal.

Der weiteste Torschuss im deutschen Profifußball dürfte 1985 Wilhelm Huxhorn gelungen sein. Der Zweitliga-Torhüter von Darmstadt 98 schoss den Ball aus sagenhaften 102 m Entfernung ins Tor von Fortuna Köln. Einsamer Rekord, von dem es allerdings keinen Beweis gibt. Fernsehkameras waren bei diesem Spiel nämlich nicht im Stadion.

Die meisten Eckstoß-Tore: Einen Eckstoß direkt ins Tor zu schießen, ist eine besonders schwierige Übung. Sükrü Gülesh aus der Türkei gelang das aber sogar insgesamt 32 Mal.

Die stürmischsten Torhüter: Eigentlich sind Torhüter natürlich für das Verhindern von Toren zuständig. Manche treten aber bei Freistößen und Elfmetern an. Absoluter Rekordhalter ist mit 131 Toren der brasilianische Torwart Rogério Ceni. Auf Platz zwei: sein paraguayischer Kollege José Chilavert. Er schoss in seiner Karriere zwar »nur« 62 Tore (neun davon für die Nationalmannschaft), schaffte aber einen Hattrick: In einem Spiel gelangen ihm drei Elfmetertore.

Trauriger Rekord: Der argentinische Stürmer Martin Palermo durfte im Länderspiel zwischen Argentinien und Kolumbien dreimal zum Elfmeter antreten. Und er verschoss alle drei. Einsamer – und trauriger – Rekord bei Länderspielen.

289. WELCHEN VEREIN GIBT ES TATSÄCHLICH?

A) *SC Christ Kindl*

B) *FC Santa Claus*

C) *Dynamo Nikolaus*

290. WELCHEN TÜRKISCHEN KLUB MIT SUPERHELDEN IM NAMEN GIBT ES WIRKLICH?

A) *Superman Petrol Spor*

B) *Batman Petrol Spor*

C) *Spiderman Petrol Spor*

291. WELCHER VEREIN WAR IN DEN LETZTEN JAHREN REGELMÄßIG FUßBALLMEISTER AUF MAURITIUS?

A) *FC Mandarine*

B) *Pamplemousses SC*

C) *Ananas AC*

292. DER AUSTRALIER ARCHIE THOMPSON ERZIELTE WELTWEIT DIE MEISTEN TORE INNERHALB EINES LÄNDERSPIELS. WIE OFT TRAF ER?

A) *Neun Mal*

B) *Elf Mal*

C) *13 Mal*

293. WER SCHOSS 15 SEKUNDEN NACH DEM ANPFIFF DAS SCHNELLSTE TOR DER WM-GESCHICHTE?

A) *Hakan Şükür für die Türkei*

B) *Zlatan Ibrahimović für Schweden*

C) *David Beckham für England*

294. WIE VIELE GELBE KARTEN BEKAM JOSIP ŠIMUNIĆ BEI DER WM 2006 IM SPIEL ZWISCHEN KROATIEN UND AUSTRALIEN?

A) *Eine*

B) *Zwei*

C) *Drei*

295. WAS LIEß SICH DIE SCHIEDSRICHTERIN VOR EINEM SPIEL DER ÖSTERREICHISCHEN FRAUEN-BUNDESLIGA AM OSTERSONNTAG EINFALLEN?

A) *Der Spielball war im Stadion versteckt*

B) *Sie lief mit Hasenohren auf*

C) *Platzwahl durch Eier-Anstoßen*

296. WER HATTE SCHULD DARAN, DASS DIE BUNDESLIGA-PARTIE ZWISCHEN EINTRACHT FRANKFURT UND DEM KARLSRUHER SC IM SEPTEMBER 2008 ABGESAGT WERDEN MUSSTE?

A) *Diego Maradona*

B) *Sängerin Madonna*

C) *Blitz und Donner*

297. WAS WAR 2011 DER GRUND FÜR DEN ABBRUCH DES SPIELS ZWISCHEN DEM FC ST. PAULI UND SCHALKE 04?

A) *Eine Gabel*

B) *Ein Teller*

C) *Ein Becher*

298. WELCHE FUSSBALL-WEISHEIT STIMMT NICHT?

A) *Der gefoulte Spieler darf den Elfmeter nicht selbst schießen*

B) *Wer siegen will, muss Tore schießen*

C) *Nach dem Spiel ist vor dem Spiel*

299. WELCHE FUSSBALL-WEISHEIT STIMMT?

A) *Für Aufsteiger ist die erste Saison die schwerste*

B) *Für Aufsteiger ist die siebte Saison die schwerste*

C) *Für Aufsteiger ist das verflixte siebte Jahr das schwerste*

300. WER SICH BEIM AKTUELLEN FUSSBALL NICHT SO GUT AUSKENNT, KANN BEI EINEM TIPPSPIEL EINFACH IMMER DASSELBE ERGEBNIS TIPPEN. WELCHES IST DAS HÄUFIGSTE BUNDESLIGA-ERGEBNIS?

A) *1:1*

B) *2:1*

C) *1:0*

WAS SIND DEINE LIEBLINGS-REKORDE?

Die meisten Rekorde halten nicht für die Ewigkeit. Immer wieder schaffen es andere Spieler, einen bestehenden Rekord zu brechen. Dann hat ein Torhüter es noch einmal länger geschafft, kein Gegentor zu kassieren. Oder ein Stürmer hat noch einmal mehr Tore nach seiner Einwechslung geschafft als alle anderen vor ihm. Welcher Rekord wirklich spannend ist, muss jeder selbst bewerten. Deshalb liegt es nun an dir. Hier hast du Platz, um die Rekorde aufzulisten, die für dich ganz persönlich wichtig sind.

1:
Rekord

Rekordhalter/Rekordhalterin

2:
Rekord

Rekordhalter/Rekordhalterin

3:
Rekord

Rekordhalter/Rekordhalterin

WELCHE REKORDE HÄLTST DU?

Auch wenn du nicht in der Bundesliga spielst, hast du sicher auch schon Rekorde aufgestellt. Konntest du mal in einem Fußballspiel die meisten Tore erzielen? Vielleicht hast du das Tippspiel in deiner Klasse gewonnen? Oder du hast mehr Bilder von einer Mannschaft im Sammelheft als alle deine Freunde? Hier ist Platz, um deine ganz persönlichen Rekorde festzuhalten. Damit schreibst du dir praktisch dein eigenes Geschichtsbuch.

1:
Mein persönlicher Rekord

Aufgestellt am

2:
Mein persönlicher Rekord

Aufgestellt am

3:
Mein persönlicher Rekord

Aufgestellt am

4:
Mein persönlicher Rekord

Aufgestellt am

HAST DU'S GEWUSST?

Alle Antworten

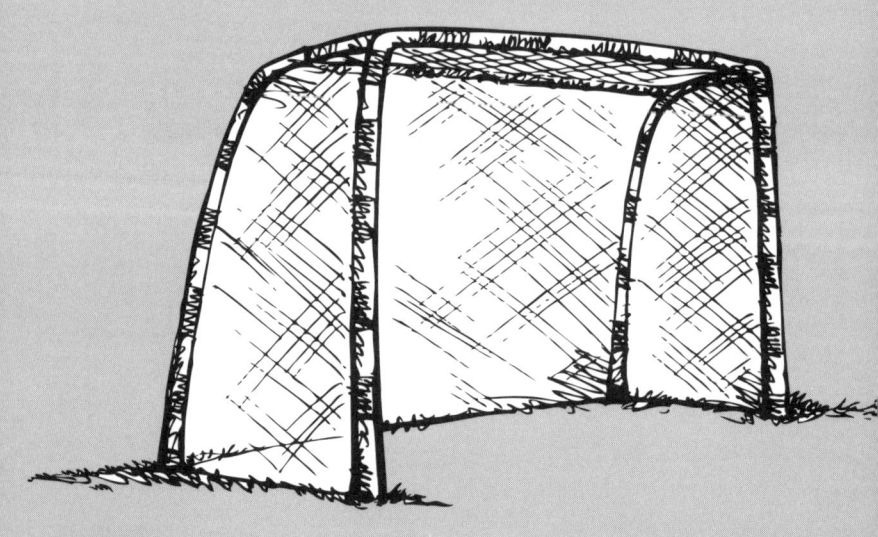

Manche Fragen hast du sicher richtig
gewusst, wetten? Viele sind aber auch
wirklich sehr speziell. Die hätten nur
die wenigsten beantworten können.

Auf den folgenden Seiten kannst du
die richtigen Antworten nachlesen und
erfährst auch immer noch die Hinter-
gründe zu den jeweiligen Fakten.

Starte doch einen kleinen Wettbewerb
und teste als Quizmaster deine Freunde, Geschwister oder Eltern. Mal sehen,
was die so in Sachen Fußball auf dem
Kasten haben. Viel Spaß!

ANTWORTEN

1. C) IST RICHTIG

Das Volk der Olmeken lebte in den Gebieten, die heute Mexiko sind – also in Mittelamerika. Vor ungefähr 3.000 Jahren erfanden sie ein Spiel, das einige Ähnlichkeiten mit dem heutigen Fußball hat. Ein kleiner Kautschukball durfte zwar mit den Händen, aber eben auch mit dem Fuß gekickt werden. Ziel war es, ihn durch einen Steinring zu befördern – das erste Fußballtor sozusagen.

2. A) IST RICHTIG

Das Ballspiel, das nicht nur die Olmeken, sondern später auch die Azteken gespielt haben sollen, trägt seinen Namen wegen des Geräuschs des Balls. Beim Aufprallen der Kautschuk-Kugel gab es einen Laut, der sich wie »Pock« anhörte. Daraus entstand vermutlich der Name des Spiels: »Pok-ta-Pok«.

3. C) IST RICHTIG

In Europa wurden die ersten fußballähnlichen Spiele von den alten Griechen und den Römern, den Vorfahren der heutigen Italiener, gespielt. Vor gut 2.000 Jahren traten sowohl die Griechen als auch die Römer in Mannschaften gegeneinander an, um sich sportlich fit zu halten und für kriegerische Schlachten zu trainieren.

4. A) IST RICHTIG

Über 2.500 Jahre ist es her, dass in China das erste Mal eine Art Fußball gespielt wurde. Beim Cuju wurde eine Kugel von mehreren Menschen jongliert. Dabei nutzten sie Beine und Füße. Cuju bedeutet so viel wie »mit Füßen einen Ball treten«. Ziel war es, ihn durch ein Loch in einem Netz zu schießen.

5. A) IST RICHTIG

Die ersten Cuju-Bälle bestanden wohl schon aus Leder. Gefüllt waren sie zunächst mit Haaren oder Federn. Dadurch hatten sie vergleichsweise wenig Gewicht. Noch leichter wurden die Bälle, als nur noch Luft hineingepumpt wurde, was spätestens im 7. Jahrhundert stattfand.

6. C) IST RICHTIG

Sie hält den Weltrekord als größtes Fußballinternat: die Fußballschule »Evergrande« in China. Auf fast 50 Fußballplätzen trainieren mehr als 2.500 junge Fußballer dafür, einmal Profi werden zu können. Auf dem Gelände findet nicht nur das Training statt. Die Schüler schlafen hier auch und gehen in den Schulunterricht.

7. C) IST RICHTIG

Beim Kemari spielen alle Spieler miteinander. Es geht darum, sich den kleinen Ball so häufig wie möglich gegenseitig zuzuspielen und ihn nicht zu Boden fallen zu lassen. Dabei kommt es auf eine besonders gute Körperhaltung an. Die passende Körperspannung schauten sich die Kemari-Spieler bei den japanischen Samurai-Kriegern ab.

8. A) IST RICHTIG

Am Kemari-Spiel durften anfangs nur adlige Personen teilnehmen. Es gab keine Gewinner und Verlierer im heutigen Sinne. Die Spiele glichen eher einer sportlichen Zeremonie. Sogar der japanische Kaiser soll daran teilgenommen haben. Ab dem 17. Jahrhundert wurde das Spiel dann auch von der normalen Bevölkerung gespielt.

9. B) IST RICHTIG

Sepak Takraw entwickelte sich spätestens zu Beginn des
20. Jahrhunderts in Südostasien zu einer beliebten Sportart.
Anders als bei seinem Vorgänger Kemari geht es bei diesem
Spiel ums Gewinnen. Zwei Dreierteams treten auf einem
Badmintonfeld gegeneinander an. Sie müssen einen kleinen
geflochtenen Ball, den »Takraw«, über ein Netz spielen und verhindern, dass der Ball den Boden in ihrem Spielfeld berührt.

10. A) IST RICHTIG

Die ursprüngliche Form des ersten in Europa gespielten
Fußballs heißt »Harpaston«. Der Name entstammt dem grie-
chischen Begriff für »rauben« oder »schnell wegnehmen«.
Bei diesem Spiel ging es darum, der gegnerischen Mannschaft
den Ball zu entwenden, um ihn hinter eine Ziellinie zu bringen.
Dabei musste der Ball nicht mit dem Fuß gespielt werden –
er durfte auch mit der Hand gefangen und geworfen werden.

11. C) IST RICHTIG

Auf Italienisch heißt Fußball »Calcio«. Der erste italienische
Fußball wird »Calcio storico« genannt: historischer Fußball.
Er wurde ab dem 15. Jahrhundert in Florenz gespielt – und
auch heute noch findet jedes Jahr im Juni in Florenz ein tradi-
tionelles Turnier statt, bei dem die Spieler historische Kleidung
tragen. Diese Sportart ist sehr brutal: Schubsen, Tritte und
sogar Faustschläge sind ausdrücklich erlaubt.

12. B) IST RICHTIG

Im Mittelalter gab es in Europa noch keine Fußballplätze – die Mannschaften benachbarter Dörfer spielten gegeneinander Fußball in der freien Landschaft. Dabei war es das Ziel, den Ball durch das Stadttor des jeweiligen Gegners zu befördern. Zu dieser Zeit hatten viele Dörfer und Städte eine Mauer zum Schutz gegen Angriffe. Das Tor in dieser Mauer diente dann nicht nur zum Hereinspazieren, sondern auch als Ziel während der Fußballspiele.

13. A) IST RICHTIG

Weil es im Mittelalter noch keine richtigen Sportplätze gab, machten sich die Spieler auf die Suche nach passenden freien Flächen. Vor vielen Kirchen befanden sich größere Plätze – ideal, um dort Fußball zu spielen. Dabei gingen allerdings immer wieder Fensterscheiben zu Bruch. Deshalb wurden in manchen Kirchen die Fenster vergittert, um sie zu schützen.

14. C) IST RICHTIG

Im Mittelalter kam es bei Fußballspielen immer wieder zu gewalttätigen Ausschreitungen. Da es noch keine klaren Regeln gab, endeten die Spiele häufig in gefährlichen Schlägereien. Deshalb verboten die englischen Könige und Machthaber das Fußballspielen – zwischen 1300 und 1700 insgesamt 30 Mal!

15. C) IST RICHTIG

In allen ursprünglichen Fußball-Arten durfte der Ball nicht nur mit dem Fuß, sondern auch in irgendeiner Art und Weise mit der Hand berührt werden. Im 19. Jahrhundert trennte sich diese Urform auf: Es gab die einen Sportler, die weiterhin den Ball auch mit der Hand spielen wollten – so entstand die Sportart Rugby. Die anderen, die ausschließlich mit dem Fuß spielen wollten, nannten ihre Sportart Fußball.

16. C) IST RICHTIG

In Großbritannien wird Fußball »Football« genannt. Der Sport heißt dort also auch genauso, wie er ausgeübt wird: mit dem Fuß [»foot«] einen Ball spielen. In den USA, aber zum Beispiel auch in Australien, wird Fußball als »Soccer« bezeichnet. Das ist eine Abkürzung des ursprünglichen Begriffs »Association Football«. Dort gibt es die Sportart »Football« zwar auch. Damit ist aber »American Football« gemeint, also das Spiel mit dem eiförmigen Ball, der mehr getragen und geworfen als geschossen wird.

17. A) IST RICHTIG

Im Spanischen wird Fußball in der Regel »Fútbol« genannt. Aber auch der Begriff »Balompié« beschreibt das Spiel. Er findet sich zum Beispiel in einigen Vereinsnamen wieder. Der zweifache spanische Meister Betis Sevilla heißt offiziell »Real Betis Balompié«.

18. B) IST RICHTIG

Wie genau der moderne Fußball nach Mexiko kam, ist nicht überliefert. Es gibt aber die Theorie, dass englische Arbeiter den Mexikanern ihre Spielregeln das erste Mal um 1900 zeigten. Manche Firmenbesitzer nutzten daraufhin das Spiel, um ihre Arbeiter in Gemeinschaftsgefühl, also Teamwork, und Durchsetzungskraft zu trainieren.

19. C) IST RICHTIG

Die ersten Regeln für ein Fußballspiel, wie wir es heute kennen, wurden an der Universität von Cambridge erdacht und festgehalten. 1848 ärgerten sich dort einige Studenten und Professoren der Uni über die Rugby-Regeln. Sie wollten nicht mehr, dass der Ball mit den Händen getragen werden durfte. Also legten sie die ersten elf Regeln für ein reines Fußballspiel fest, die sogenannten Cambridge-Regeln.

20. C) IST RICHTIG

Der wichtigste Unterschied der ersten Fußballregeln gegenüber den Rugby-Regeln bestand darin, dass der Ball nicht mehr
mit der Hand weitergespielt oder geworfen werden durfte.
Trotzdem war es noch erlaubt, ihn mit der Hand zu berühren.
Er durfte auch von Feldspielern aufgehalten oder gefangen
werden. Danach mussten die Spieler den Ball allerdings sofort
zu Boden fallen lassen und ihn mit dem Fuß weiterspielen.

21. B) IST RICHTIG

Die Regeln, die 1863 bei der Gründung des britischen Fußball-
verbands niedergeschrieben wurden, waren viel ausführlicher
als die ursprünglichen Cambridge-Regeln. So wurde zum
Beispiel festgelegt, dass es nicht mehr erlaubt sein sollte,
einem Gegenspieler vor das Schienbein zu treten.

22. A) IST RICHTIG

Sie gilt als die komplizierteste Regel des Fußballs: die Abseits-
Regel. Dabei ist sie für ein schönes und ausgeglichenes Spiel
so wichtig. Auch deshalb gab es bereits 1863 eine frühe Form
des Abseits. Dabei war die Regel sogar noch strenger als heute.
Der Ball durfte nur zu Spielern gepasst werden, die sich nicht
vor dem Ball befanden. Pässe waren also nur seitlich oder nach
hinten erlaubt.

23. A) IST RICHTIG

Ein Jahr nach der Entwicklung der ersten allgemeingültigen
Fußballregeln wurden Vorgaben für die Spielkleidung eingeführt. Ab sofort mussten die Spieler Hosen tragen, die
mindestens die Knie überdeckten.

24. C) IST RICHTIG

Das erste Fußball-Länderspiel, von dem es Aufzeichnungen gibt, fand zwischen Schottland und England statt. Am 30. November 1872 standen sich die Teams der beiden Länder auf einem Fußballplatz in der Nähe des schottischen Glasgow gegenüber. 4.000 Zuschauer waren zu diesem Spiel gekommen – und haben sich vermutlich ziemlich gelangweilt. Die Partie endete nämlich ohne Tore mit einem 0:0.

25. C) IST RICHTIG

Das erste Fußballspiel in Deutschland, von dem man heute weiß, fand 1874 in Braunschweig statt. Verantwortlich dafür: Konrad Koch. Er stand allerdings nicht in der Küche, sondern im Klassenzimmer. Koch war Lehrer an einem Braunschweiger Gymnasium. Er hatte von der neuen Sportart aus England gehört und hielt sie für eine gute Möglichkeit, seine Schüler zu mehr Bewegung an der frischen Luft zu motivieren.

26. A) IST RICHTIG

Zu Beginn des Fußballs in Deutschland gab es zwar schnell die ersten Regeln – aber noch keine Schiedsrichter. Die Einhaltung der Regeln wurde von den Spielführern der Mannschaften übernommen. Wegen ihrer verantwortungsvollen Rolle bekamen sie den Namen »Fußballkaiser«.

27. C) IST RICHTIG

Im Sportunterricht des Braunschweiger Gymnasiums, an dem das erste Mal in Deutschland Fußball gespielt wurde, standen auch immer wieder andere neuartige Sportarten auf dem Programm. Lehrer Koch und sein Kollege August Hermann hatten die Vorstellung, dass sich Mädchen besonders für Basketball interessieren würden. Sie sollten nicht recht behalten: Heute spielen in Deutschland ungefähr zehnmal mehr Mädchen Fußball als Basketball.

28. C) IST RICHTIG

Der Berliner Fußball-Club Germania 1888 (BFC) ist der älteste Fußballverein Deutschlands. Wie der Name schon verrät, wurde er 1888 gegründet. Es hatte zwar vorher bereits Vereine gegeben, in denen neben anderen Sportarten auch Fußball gespielt wurde, aber der BFC war der erste Verein, der als reiner Fußballklub gegründet wurde. Es gibt ihn bis heute, die erste Mannschaft spielt allerdings nur in einer Amateurliga.

29. B) IST RICHTIG

1891 wurde der Karlsruher FV gegründet. Der Verein war in seinen Anfangsjahren sehr erfolgreich. 1910 konnte er sogar den deutschen Meistertitel erringen. Mit den Jahren übernahm aber ein anderer Verein die Vorherrschaft in der Stadt: Während beim KFV mittlerweile nur noch Amateurfußball gespielt wird, war der Karlsruher SC sogar schon zweimal Deutscher Meister und spielte zuletzt in den 1980er-Jahren im Europapokal.

30. B) IST RICHTIG

Der älteste Fußballklub Hessens heißt 1. Hanauer FC 1893, trägt also sein Gründungsjahr im Namen. Eintracht Frankfurt wurde erst 1899 gegründet, der FSV Mainz 05 sogar noch später – auch er trägt sein Gründungsjahr im Namen: 1905.

31. A) IST RICHTIG

Der Deutsche Fußball-Bund wurde in der Leipziger Kneipe »Zum Mariengraben« gegründet. Im Januar 1900 trafen sich dort verschiedene Vertreter deutscher Fußballvereine. Sie beschlossen die Gründung des »Deutschen Fußball-Bunds«. Bis heute ist der DFB für den organisierten Fußball in Deutschland zuständig und mittlerweile der größte Sportverband der Welt.

32. B) IST RICHTIG

Der DFB hat viele Aufgaben und Funktionen. Eine davon ist die Aus- und Fortbildung von Schiedsrichterinnen und Schiedsrichtern, sowohl im Profifußball als auch in den Amateurligen und Jugendvereinsspielen.

33. C) IST RICHTIG

Die Zentrale des DFB befindet sich in Frankfurt am Main. Mitten im Stadtwald steht das Gebäude, in dem mehr als 200 Menschen arbeiten. In der Nachbarschaft haben noch weitere Sportorganisationen ihre Zentralen errichtet – beispielsweise der Deutsche Olympische Sportbund oder der Deutsche Turner-Bund.

34. C) IST RICHTIG

60 Vereine zählen zu den Gründungsmitgliedern des DFB, darunter mehrere Leipziger Vereine, zwei aus Prag und einer aus Hannover. Aus Karlsruhe nahm der Karlsruher FV an der Gründungssitzung teil, aus Frankfurt (Main) war unter anderem der Frankfurter FC dabei. Auch aus München kamen drei Gründungsmitglieder, allerdings nicht der FCB. Die Münchener Vertreter hießen FC Bavaria, 1. Münchener FC und FC Nordstern.

35. C) IST RICHTIG

Die erste deutsche Fußballmeisterschaft trug der neu gegründete DFB im Mai 1903 aus. Die einzelnen Landesverbände meldeten ihre Meister an und so kamen sechs Mannschaften zusammen, die um den Titel des Deutschen Meisters spielen sollten. Dabei gab es noch kein Tabellensystem wie in der heutigen Bundesliga. Der erste Deutsche Meister wurde in einem Pokalmodus ermittelt. Im Finale standen sich der VfB Leipzig und der DFC Prag gegenüber. Leipzig gewann das Spiel 7:2 und wurde somit erster Fußballmeister Deutschlands.

36. B) IST RICHTIG

Da die erste Deutsche Meisterschaft in einem Pokalmodus ausgetragen wurde, gab es zwei Halbfinalspiele. Im ersten standen sich der VfB Leipzig und der Altonaer FC aus Hamburg gegenüber. Das andere Halbfinale hätten der DFC Prag und der Karlsruher FV bestreiten sollen. Die Prager Spieler warteten am Fußballplatz allerdings vergebens auf die gegnerische Mannschaft. Die Karlsruher hatten nämlich am Tag zuvor ein gefälschtes Telegramm bekommen, in dem behauptet wurde, das Spiel würde verschoben. Deshalb reisten die Karlsruher Spieler nicht zum Halbfinale an und Prag zog ohne Spiel ins Finale ein.

37. A) IST RICHTIG

1894 wurde in Großbritannien der erste Frauenfußballverein gegründet. Die Londonerin Nettie Honeyball tat sich mit anderen Frauen zusammen, um gemeinsam im »British Ladies' Football Club« gegen den Ball zu treten. Lange währte die Freude über den eigenen Frauenfußballklub allerdings nicht. Der englische Fußballverband verbot den Verein 1902 wieder. Die männlichen Verbandsfunktionäre waren der Meinung, dass Fußball nicht von Frauen gespielt werden sollte.

38. C) IST RICHTIG

1920 fand das erste Frauenfußballspiel zwischen zwei Teams aus verschiedenen Ländern statt, von dem es Aufzeichnungen gibt. Nationalmannschaften im heutigen Sinne gab es damals noch nicht. Deshalb traten bei dieser Partie Spielerinnen des englischen Vereins »Dick Kerr's Ladies« gegen Fußballerinnen des französischen Vereins »Fémina Sport Paris« an. Das Spiel endete 2:1 für die Engländerinnen.

ANTWORTEN

39. B) IST RICHTIG

Der 1930 gegründete 1. Damen-Fußball-Club Frankfurt gilt als der erste Verein Deutschlands, bei dem Frauen Fußball spielen konnten. Die Männer des DFB waren in dieser Zeit nicht bereit, Frauen bei sich aufzunehmen. Aus ihrer Sicht sollten Mädchen und Frauen überhaupt keinen Fußball spielen. Deshalb hatte es der erste Frauenfußballverein sehr schwer, sich zu behaupten. Schon nach einem Jahr musste er sich wieder auflösen.

40. C) IST RICHTIG

In den 1950er-Jahren wollten immer mehr Mädchen und Frauen in Deutschland Fußball spielen – nicht nur auf Wiesen und in Hobbygruppen, sondern in richtigen Mannschaften eines Fußballvereins. Die Männer an der Spitze des DFB wollten ihren Widerstand aber immer noch nicht aufgeben. Sie veröffentlichten ein offizielles Verbot für Fußballvereine, Frauenmannschaften zu gründen.

41. A) IST RICHTIG

Obwohl der DFB die Organisation von Frauenfußballspielen offiziell verboten hatte, spielte am 23. September 1956 eine deutsche Nationalmannschaft gegen eine Auswahl der Niederlande. Das Spiel fand in Essen vor 18.000 Zuschauern statt und das deutsche Team gewann mit 2:1. Die Spielerinnen hatten sich aus verschiedenen Gruppen und Vereinen zusammengefunden, die nicht am offiziellen Spielbetrieb teilnahmen.

42. A) IST RICHTIG

Der ostdeutsche Fußballverband war zwar etwas früher als der DFB bereit, den Frauenfußball zu fördern. Das galt aber nur für die Vereinsmannschaften, die sich ab den 1960er-Jahren organisierten. Eine Nationalmannschaft gab es in der DDR erst 1989. Und dieses Team konnte genau ein Länderspiel bestreiten, bevor die Mauer fiel und Deutschland sich wiedervereinigte. Zu allem Überfluss verlor die DDR-Auswahl das Spiel mit 0:3.

43. B) IST RICHTIG

Wenn Fußballspiele im Fernsehen übertragen werden, fesselt das in der Regel sehr viele Menschen in Deutschland an den TV-Bildschirm. Vor allem, wenn die deutsche Nationalmannschaft wichtige Spiele austrägt. Ein sehr wichtiges Spiel war das WM-Finale 2014 zwischen Deutschland und Argentinien. Deutschlands 1:0-Sieg zum Weltmeistertitel sahen 34 Millionen Menschen im TV.

44. C) IST RICHTIG

Nach Fußballspielen sind Leichtathletikveranstaltungen die Sportübertragungen, die im deutschen TV am häufigsten geschaut werden. Boxen und Motorsport erzielen ebenfalls hohe Einschaltquoten. Dazu kommt Wintersport, also Skispringen, Biathlon oder Bobfahren.

45. C) IST RICHTIG

Mit über 7 Millionen Mitgliedern ist der Deutsche Fußball-Bund der größte Verband Deutschlands. Rund 2 Millionen Mitglieder weniger zählt der Turner-Bund. Damit ist er nach dem DFB der zweitgrößte Sportverband des Landes. Danach folgen mit jeweils knapp 1,4 Millionen Mitgliedern der Tennis Bund, der Verband für Sportschützen und der Deutsche Alpenverein.

46. A) IST RICHTIG

Der FC Bayern München ist nicht nur der größte Verein Deutschlands, sondern auch der größte weltweit. Fast 300.000 Menschen haben einen FCB-Mitgliedsausweis. Davon spielen nur die wenigsten selbst Fußball beim FC Bayern – auch viele Fans wollen offizielles Vereinsmitglied sein. Beim RB Leipzig übrigens sind nur ganze 21 Menschen Mitglieder im Verein (Stand März 2021).

47. B) IST RICHTIG

Die Zuschauerzahlen im Frauenfußball sind bei Weitem nicht so hoch wie bei den Spielen der Männer-Bundesliga. Der bisherige Rekord wurde 2014 beim Spiel zwischen dem VfL Wolfsburg und dem 1. FFC Frankfurt aufgestellt. Dabei kamen etwas mehr als 12.000 Zuschauerinnen und Zuschauer ins Stadion.

48. A) IST RICHTIG

In den letzten Jahren erlebte die Bundesliga einen regelrechten Boom, was die Zuschauerzahlen betrifft. Rechnet man alle Besucher aller Stadien innerhalb einer Saison zusammen, ergibt sich eine Gesamtzahl von ungefähr 13 Millionen Fans. Eine große Ausnahme bildete natürlich die Zeit der Corona-Pandemie. So kamen beispielsweise in der kompletten Saison 2020/2021 nur 250 Menschen zu den 17 Heimspielen des FC Bayern München.

49. B) IST RICHTIG

Als das Fußballspiel gegen Ende des 19. Jahrhunderts nach Deutschland kam, bestanden die Bälle aus einer Lederhaut. Sie hatten viele kleine Nähte, da sie aus einzelnen Lederstreifen zusammengenäht wurden. Zusätzlich gab es eine grobe Naht: Dort konnte der Lederball mit Luftkammern befüllt werden. Diese Lederbälle waren viel schwerer als die heutigen Fußbälle. Vor allem wenn es regnete. Dann sog sich das »runde Leder« voll Wasser und war nur noch sehr schwer zu kicken.

50. A) IST RICHTIG

In den frühen Lederfußbällen steckten mit Luft gefüllte
Schweinsblasen – also tatsächlich tierische Organe. Sie hatten
die passende Größe und ließen sich wie ein Luftballon aufpus-
ten und zusammenknoten. Ging eine Blase kaputt, sodass die
Luft aus dem Ball entwich, konnte durch die große Hauptnaht
in der Lederhaut eine neue Blase in den Ball gesteckt werden.
Erst gegen Ende der 1960er-Jahre wurden die Schweinsblasen
durch aufpumpbare Luftkammern aus Gummi ersetzt.

51. C) IST RICHTIG

Seit jeher wurden Fußbälle zusammengenäht: erst aus Lederstreifen, dann aus Einzelteilen, die aus Kunststoff hergestellt
wurden. Wenn man sich einen klassischen Fußball vorstellt,
besteht der aus vielen Fünf- und Sechsecken, die miteinander
vernäht sind. Seit den 2000er-Jahren hat sich das geändert:
Die Hersteller der Bälle haben die Formen der Einzelteile so
angepasst, dass die Bälle noch runder und aerodynamischer
sind. Außerdem werden viele Bälle nicht mehr vernäht, sondern
zusammengeklebt. Dadurch wird die Oberfläche noch gleich-
mäßiger und der Ball kann gezielter geschossen werden.

52. A) IST RICHTIG

In der Arena im Frankfurter Stadtwald trägt die Frankfurter
Eintracht ihre Heimspiele aus. Das frühere Waldstadion wurde
bis 2005 modernisiert und umgebaut. Die Laufbahn rund um
das Spielfeld wurde entfernt und die Tribünen auf den damals
neuesten technischen Stand gebracht. Zusätzlich gab es noch
eine Besonderheit, die sich in keinem anderen deutschen
Fußballstadion wiederfindet: Die Arena verfügt über ein Dach,
das sich auffalten lässt. Über Drahtseile, die zwischen den
Tribünen verlaufen, kann das Dach bei Regen oder Schneefall
geschlossen werden.

53. B) IST RICHTIG

Die großen Stadien der Bundesliga und der internationalen Top-klubs verfügen alle über eine Rasenheizung. Unter den Spiel-feldern sind Rohre verlegt, die beheizt werden können. Damit wird Schnee geschmolzen und die Vereisung der Rasenflächen verhindert, damit die Spiele auch im Winter stattfinden können.

54. A) IST RICHTIG

Moderne Stadien haben hohe, überdachte Tribünen, um die Fans vor Regen zu schützen. Der eigentliche Spielbereich liegt zwar unter freiem Himmel, aber durch den Schattenwurf der hohen Ränge reicht der Lichteinfall meist nicht aus, um den Rasen gut wachsen lassen zu können. Deshalb haben viele Vereine in eine moderne Rasenbeleuchtung investiert. Sie wird nach den Spielen ins Stadion gerollt und bestrahlt das Grün mit künstlichem Licht.

55. A) IST RICHTIG

Alle Spieler einer Mannschaft müssen sich eindeutig von den Spielern der gegnerischen Mannschaft unterscheiden. Deshalb tragen alle Teammitglieder dieselbe Spielkleidung. Trikots, Hosen und Stutzen einer Mannschaft dürfen aber unterschied-liche Farben haben.

56. C) IST RICHTIG

Die meisten Bundesligamannschaften laufen alle zwei Jahre mit einem neuen Trikot auf. Viele wechseln die Spielkleidung sogar zu jeder neuen Saison. Das hat aber nichts mit offiziellen Regeln zu tun. Es geht vor allem darum, dass die Vereine mehr Geld einnehmen möchten. Sie hoffen darauf, dass viele Fans auf dem neuesten Stand sein wollen und mit dem Kauf der Trikots ihre Mannschaft unterstützen. Die Vermarktung von Fanprodukten ist für die Vereine eine wichtige Einnahmequelle.

57. C) IST RICHTIG

Die Spielkleidung einer Mannschaft soll zwei Dinge erfüllen: Alle Spieler eines Teams müssen gleich angezogen sein, damit man sie zuordnen kann. Und eine Mannschaft muss deutlich anders aussehen als die andere. Die Betreuer einer Mannschaft schlagen vor einem Spiel dem Schiedsrichter vor, in welchem Outfit ihr Team auflaufen möchte. Die endgültige Entscheidung liegt dann beim Schiedsrichter. Wenn er der Meinung ist, dass sich die Mannschaften nicht ausreichend voneinander unterscheiden, kann er darauf bestehen, dass sie sich umziehen.

58. C) IST RICHTIG

Mittlerweile haben Profimannschaften eine Vielzahl an Trikots in ihrer Tasche. Der Torwart trägt grundsätzlich eine andere Farbe, damit er vom Rest der Mannschaft zu unterscheiden ist. Bei Heimspielen laufen die Teams häufig in ihren Vereinsfarben auf. Zu Auswärtsspielen bringen sie eine Farbalternative mit, falls ihre Heimtrikots denen des Gegners farblich zu sehr ähneln. Und dann verfügen die meisten Mannschaften auch noch über ein sogenanntes Ausweichtrikot. Das kommt zum Einsatz, wenn sich keins der beiden anderen Trikots farblich ausreichend vom Heimtrikot der gegnerischen Mannschaft unterscheidet.

59. B) IST RICHTIG

Profispieler müssen weder ihre Schuhe selbst putzen noch ihr Trikot waschen. Diese Aufgaben übernehmen die Zeugwarte. Sie sammeln nach jedem Training oder Spiel das »Zeug«, also die Ausrüstung bzw. Sportkleidung der Spieler, ein, waschen und pflegen es. Vor der nächsten Trainingseinheit oder dem anstehenden Spiel sorgen sie dafür, dass jedem Spieler wieder sein Zeug zur Verfügung steht.

60. A) IST RICHTIG

Die Spieler des MSV Duisburg werden Zebras genannt, weil sie traditionell in blau-weiß gestreiften Trikots zu ihren Heimspielen antreten. Blau und Weiß sind die Farben ihres Vereins. Auch das Maskottchen des MSV Duisburg ist ein blau-weiß gestreiftes Zebra – und sogar in der Vereinshymne wird das Zebra besungen.

61. C) IST RICHTIG

Immer wieder finden Fußballspiele abends statt. Damit die Spieler und Zuschauer alles im Blick behalten, muss das Spielfeld mit viel Licht regelrecht geflutet werden. Dafür sorgen die großen Lichttürme, die sogenannten Flutlichter.

Als »Wellenbrecher« bezeichnet man stabile Trennelemente aus Metall oder Beton, die der Sicherheit der Zuschauer dienen. Sie befinden sich auf den Stehtribünen, wo sich viele Fans drängen. In einer großen Menschenmenge können Bewegungen hohen Druck erzeugen und damit Panik auslösen oder schwere Verletzungen verursachen. Die Wellenbrecher teilen die Masse der Fans in kleine Gruppen auf und verhindern dadurch Eskalationen.

62. B) IST RICHTIG

Bei erfolgreichen und beliebten Vereinen gibt es eine Menge Fans, die möglichst jedes Heimspiel ihrer Mannschaft im Stadion sehen möchten. Sie kaufen sich dann nicht einzelne Tickets für die jeweiligen Spiele, sondern besorgen sich vor der Saison eine Dauerkarte. Damit können sie jedes Spiel innerhalb einer Spielzeit besuchen.

63. B) IST RICHTIG

Im Profifußball sind auch viele Dinge außerhalb des Spielfelds klar geregelt, zum Beispiel der Umgang mit Journalisten und Fernsehreportern. In der Regel darf sich ein Kamerateam am Spielfeldrand aufhalten, um dort nach Spielende die Spieler zu befragen. Alle anderen Interviews finden während der Pressekonferenz oder in der sogenannten »Mixed Zone« statt. Das ist der Raum oder der Gang zwischen den Kabinen der Mannschaften. Hier dürfen Fernsehteams, Radio- und Zeitungsreporter warten, um die Spieler zum Interview zu bitten.

64. A), B) UND C) SIND RICHTIG

Die Arena in Gelsenkirchen hat gleich mehrere Besonderheiten: Bei schlechtem Wetter kann das Dach komplett geschlossen werden. Das Stadion ist dann praktisch eine riesige Halle. Schalke-Fans können in der Arena heiraten. Dafür gibt es im Inneren einen eigenen kleinen Kirchenraum, eine sogenannte Kapelle. Und der Rasen wird nach Heimspielen des FC Schalke 04 komplett aus dem Stadion gefahren. So bekommt er mehr Sonnenlicht und frische Luft und kann besser wachsen.

65. B) IST RICHTIG

Die Deutsche Fußball Liga richtet die Bundesliga aus und schreibt dafür sehr viele Regeln vor. Es ist genau vorgegeben, wie hell das Flutlicht im Stadion sein muss, wie viele Sitzplätze die Stadien benötigen und wie breit die Rettungswege für Polizei und Feuerwehr sein müssen. Und auch die Größe der Umkleidekabinen für die Teams ist vorgegeben: mindestens 40 m² groß müssen sie sein.

66. C) IST RICHTIG

Als in Deutschland die ersten großen Stadien gebaut wurden, fanden dort noch ganz unterschiedliche Sportveranstaltungen statt – neben Fußball vor allem Leichtathletik. Und dafür brauchte man auch eine Laufbahn. In den modernen Fußballstadien wird in der Regel tatsächlich nur noch Fußball gespielt, sodass die Laufbahn nicht mehr benötigt wird. Dadurch sitzen die Zuschauer auch deutlich näher am Spielfeldrand.

67. A) IST RICHTIG

Das Bremer Stadion liegt direkt am Ufer der Weser – daher auch der Name. Die Fans des SV Werder Bremen können per Boot zu den Heimspielen anreisen, das ist bei keinem anderen Stadion in Deutschland möglich. Aus der Bremer Innenstadt gibt es einen regelmäßigen Boots-Shuttle, der unmittelbar vor dem Stadion anlegt.

68. C) IST RICHTIG

Sieht man von den Spielen während der Corona-Pandemie ab, bei denen gar keine Zuschauer in den Stadien erlaubt waren, war diese Partie die mit den wenigsten Zuschauern. Genau 827 Fans kamen ins Berliner Olympiastadion. Es war die erste (und einzige) Bundesligasaison von Tasmania Berlin. Bei ihrem ersten Heimspiel waren übrigens noch 81.500 Zuschauer ins Stadion gekommen.

69. A) IST RICHTIG

Die Kabinen im Berliner Olympiastadion liegen innerhalb der Tribüne des Stadions und einige Meter oberhalb des Rasens. Um auf das Spielfeld zu gelangen, können die Spieler entweder die 42 Stufen der Treppe nutzen oder aber ganz entspannt per Rolltreppe nach unten gelangen.

70. A) IST RICHTIG

Fußballvereine nehmen viel Geld damit ein, dass sie ihr Stadion
für eine gewisse Zeit nach einem Unternehmen benennen.
Die Firmen zahlen häufig einige Millionen, um bestimmen zu
dürfen, wie der Ort heißt, an dem der FC Bayern München oder
Borussia Dortmund ihre Heimspiele austragen. Denn so wird
auch ihr Firmenname von Reportern und Fans immer wieder
genannt, wenn es um Fußball geht. Das ist für die Unternehmen
eine lohnende Werbung. Man nennt es »Sponsoring«.

71. C) IST RICHTIG

Der Begriff »VIP« ist eine Abkürzung für den englischen Begriff
»very important person« (auf Deutsch: sehr wichtige Person).
Im VIP-Bereich eines Stadions halten sich also Zuschauer auf,
die der Verein für sehr wichtig hält. Das können beispielsweise
der Präsident des Vereins, Sponsoren oder Familienmitglieder
der Spieler sein.

72. A) IST RICHTIG

Auf der Herrentoilette des Stuttgarter Stadions gibt es
oberhalb der Pissoirs ein schmales Fenster. So können die
männlichen Fans beim Pinkeln weiter dem Spiel folgen.
Auf der Damentoilette gibt es die schmalen Fenster übrigens
auch – über den Handwaschbecken.

73. C) IST RICHTIG

Die offiziellen Fußballregeln sind in 17 Kapitel unterteilt.
Im ersten Kapitel ist festgelegt, wie das Spielfeld beschaffen
sein muss. Kapitel vier beschreibt, mit welcher Ausrüstung
die Spieler auflaufen müssen. Und in Kapitel 13 ist erläutert,
wofür es welche Art von Freistoß gibt.

74. B) IST RICHTIG

Das »International Football Association Board« (IFAB) legt die
offiziellen Fußballregeln fest. Das Gremium besteht aus nur
acht Mitgliedern: vier Vertreter des Weltfußballverbands FIFA
und jeweils ein Vertreter der Fußballverbände aus England,
Nordirland, Schottland und Wales. Einmal im Jahr kommen
die Mitglieder zusammen, um über mögliche Regeländerungen
zu beraten.

75. B) IST RICHTIG

Ein offizielles Fußballfeld muss eine längere und eine kürzere
Seite haben, also rechteckig sein. Die Seite hinter den Toren,
die sogenannte Torlinie, muss zwischen 45 und 90 m lang sein,
die Seitenlinie zwischen 90 und 120 m. Allerdings wäre ein
90 mal 90 m langes Feld verboten, ein Quadrat darf nicht
entstehen.

76. C) IST RICHTIG

Eigentlich spielen beim Fußball alle nach denselben Regeln. Nur
für Kinder und Jugendliche gibt es bestimmte Besonderheiten.
Ihre Spiele dauern beispielsweise nicht so lange wie bei den
Erwachsenen, es sind weniger Spieler in einer Mannschaft und
das Spielfeld ist kleiner. Eine besondere Regel ist außerdem,
dass ausgewechselte Spieler wieder eingewechselt werden
dürfen. Das geht bei den Erwachsenen nicht.

77. A) IST RICHTIG

Bei Spielen von Kindern und Jugendlichen kann der Schiedsrichter eine Zeitstrafe verhängen. Anders als bei den Erwachsenen gibt es hier keine Gelb-Rote Karte. Wenn ein Spieler also schon eine Gelbe Karte erhalten hat und ein weiteres Foul begeht, für das er eigentlich eine zweite Gelbe Karte (also einen Platzverweis mit Gelb-Rot) bekäme, erhält er stattdessen eine Zeitstrafe. Nach fünf Minuten auf der Bank darf er wieder am Spiel teilnehmen.

78. B) IST RICHTIG

Der Fußball, mit dem Kinder und Jugendliche bis zu einem gewissen Alter bei offiziellen Spielen spielen, ist kleiner als der Ball bei Spielen der Erwachsenen. Dadurch ist er auch ein bisschen leichter. Das Material ist allerdings das gleiche.

79. C) IST RICHTIG

Offizielle Spiele einer Fußball-Weltmeisterschaft sollen auf einem Rasen stattfinden, der genau 28 mm hoch ist. Eigentlich muss es sich auch um Naturrasen handeln. In den letzten Jahren war aber immer mal wieder auch Kunstrasen oder eine Mischung aus Natur- und Kunstrasen erlaubt.

80. B) IST RICHTIG

Auf Kunstrasenplätzen wird flächendeckend ein Granulat verteilt, das meist aus winzigen Kunststoffteilchen besteht. Dadurch bekommen die künstlichen Rasenfasern Halt und der Boden wird sozusagen aufgepolstert: Die Spieler verletzen sich nicht so schnell, wenn sie hinfallen. Dieses Granulat aus Mikroplastik schädigt allerdings die Umwelt. Es bleibt an der Kleidung der Spieler hängen und gelangt beim Waschen in das Abwassersystem. Deshalb wird schon seit Längerem darüber diskutiert, ob Kunstrasen auf Fußballplätzen noch ökologisch vertretbar ist.

81. B) IST RICHTIG

Spieler, die nicht in der Startelf ihres Teams aufgestellt wurden, müssen während des Spiels darauf warten, dass sie einge- wechselt werden. Dabei sitzen sie in der Regel auf der Bank neben dem Spielfeld. Hier setzt sich auch hin, wer aufgrund einer Auswechslung das Spielfeld verlassen muss.

82. B) IST RICHTIG

Zu Beginn einer Halbzeit oder nach Gegentoren geht das Spiel mit dem Anstoß vom Mittelpunkt weiter. Spieler der gegnerischen Mannschaft müssen dabei Abstand halten, damit der Anstoß in Ruhe ausgeführt werden kann. Deshalb müssen sie sich außerhalb des Mittelkreises befinden, bis der Ball das erste Mal berührt wurde.

83. B) IST RICHTIG

Steht der Spieler, der ausgewechselt werden soll, mitten auf dem Spielfeld, muss er an der Mittellinie auf der Seite der Aus- wechselbänke das Feld verlassen. Befindet er sich allerdings in der Nähe einer Seiten- oder Torlinie, muss er das Feld dort verlassen. Das soll die Auswechslung verkürzen, sodass das Spiel schneller fortgesetzt werden kann.

84. C) IST RICHTIG

Bei einem Eckstoß darf der Ball nicht außerhalb des Viertel- kreises rund um die Eckfahne liegen. Die Linie gehört allerdings mit zu diesem Viertelkreis. Deshalb darf der Spieler den Ball auch auf die Linie legen. Streng genommen reicht es sogar, wenn der Ball nur ganz leicht die Linie berührt und ansonsten außerhalb des Viertelkreises liegt.

85. C) IST RICHTIG

Die Jenaer Regeln von 1893 beschrieben erstmals in Deutschland die Beschaffenheit eines Fußballplatzes. Weil es noch keine echten Sportplätze zum Fußballspielen gab, wurde damals in Jena meist auf Wiesen gekickt. Die Regeln von 1893 legten fest, dass diese Wiesen immerhin frei von Bewuchs sein mussten. Bäume und Sträucher waren somit verboten.

86. B) IST RICHTIG

Konnte eine Mannschaft ein Tor erzielen, wurden anschließend die Seiten gewechselt. Diese Regel wurde relativ schnell wieder abgeschafft – Seitenwechsel gibt es nur noch nach der Halbzeitpause.

87. B) IST RICHTIG

1992 wurde die sogenannte Rückpassregel eingeführt. Seitdem darf der Torwart den Ball nicht mehr in die Hand nehmen, wenn er ihn von einem Mitspieler kontrolliert mit dem Fuß zugespielt bekommt. Köpft der Spieler allerdings den Ball oder lässt ihn mit einem anderen Körperteil als dem Fuß zu seinem Torwart prallen, darf dieser ihn auch mit den Händen berühren.

88. C) IST RICHTIG

Erst seit 1970 erlaubt der DFB offizielle Frauenfußballspiele. Davor meinten die Männer, die dort das Sagen hatten, dass der Sport zu gefährlich und nicht passend für Frauen wäre. Die Spielerinnen organisierten sich aber trotzdem in privaten Gruppen und trugen 1956 sogar ein inoffizielles Länderspiel aus. In den DFB aufgenommen wurden Frauenteams erst nach großem Druck der Öffentlichkeit.

89. C) IST RICHTIG

Findet ein Foulspiel oder ein Handspiel im gegnerischen Strafraum statt, gibt es einen Strafstoß. Dabei müssen sich bis auf den Schützen und den Torwart alle Spieler außerhalb des Strafraums und mindestens 9,15 m vom Ball entfernt aufhalten. Weil der Strafstoß immer von einem bestimmten Punkt geschossen wird, der sich 11 m vor dem Tor befindet, wird er »Elfmeter« genannt.

90. B) IST RICHTIG

1993 wurde das sogenannte »Golden Goal« eingeführt. Stand es bei einem K.o.-Spiel im Pokal oder in einem Turnier nach 90 Minuten unentschieden, wurde – wie heute auch – eine Verlängerung gespielt. Sobald eine Mannschaft hier ein Tor erzielte, wurde das Spiel allerdings sofort beendet. Die Mannschaft hatte mit diesem »goldenen Tor« den Sieg errungen. Weil viele die Regelung unfair fanden, wurde das Golden Goal 2004 wieder abgeschafft. Seitdem haben beide Mannschaften bis zum Ende der Verlängerung Zeit, Tore zu erzielen.

91. B) IST RICHTIG

Da die ersten Fußballregeln in England entstanden, wurden die Maße nach dem dortigen Größensystem definiert, also in den Längeneinheiten Fuß und Yards. Und so wurde die Größe eines Fußballtors auf 8 Fuß Höhe und 8 Yards Breite festgelegt. Ein Yard entspricht 3 Fuß, das Tor ist also dreimal so breit, wie es hoch ist. Ein Fuß entspricht genau 30,48 cm. Daraus ergibt sich umgerechnet eine Höhe von 2,44 m und eine Breite von 7,32 m.

92. A) IST RICHTIG

Der Abstand, den gegnerische Spieler zum Freistoßpunkt einhalten müssen, beträgt exakt 9,15 m. Auch hier ist das englische Längenmaß Yards für diese krumme Angabe verantwortlich. 1913 wurde nämlich festgelegt, dass sich die Mauer bei einem Freistoß 10 Yards – und damit 9,15 m – vom Freistoßpunkt entfernt befinden muss.

93. B) IST RICHTIG

Wenn der Ball von der gegnerischen Mannschaft neben oder über das Tor geschossen wird, gibt es einen Abstoß. Dieser kann aus dem gesamten Torraum – auch Fünfmeterraum genannt – ausgeführt werden. Übrigens darf jeder Spieler der verteidigenden Mannschaft diesen Abstoß treten und nicht nur der Torhüter.

94. C) IST RICHTIG

Von einer »Notbremse« spricht man, wenn ein Stürmer mit dem Ball am Fuß direkt auf das Tor zuläuft und ein Verteidiger ihn nur noch durch ein Foul daran hindern kann, aufs Tor zu schießen. Der Verteidiger nutzt seine letzte Chance einzugreifen, er »zieht die Notbremse«. Für ein Foul, das einen sicheren Torschuss verhindert, bekommt der Verteidiger allerdings einen Platzverweis.

95. B) IST RICHTIG

Manchmal versuchen Spieler, den Schiedsrichter zu täuschen. Bei einem Zweikampf tun sie so, als wären sie gefoult worden, und versuchen so, einen Freistoß oder sogar Strafstoß zugesprochen zu bekommen. Dafür müssen sie natürlich einen imposanten Sturz inszenieren. Weil manche Spieler dabei abheben wie ein Vogel, wird von einer »Schwalbe« gesprochen.

96. B) IST RICHTIG

Manchmal werden Spieler während eines Spiels beleidigend. Das passiert meistens, wenn das Spiel besonders hitzig ist oder sie sich ungerecht behandelt fühlen. Beleidigende Worte oder Gesten haben auf einem Sportplatz allerdings nichts zu suchen, deshalb gibt es dafür einen Platzverweis. Eine beleidigende Geste ist zum Beispiel der »Scheibenwischer«, bei dem die Hand schnell vor dem Gesicht hin- und herbewegt wird.

97. C) IST RICHTIG

Die Mannschaftskapitäne entschieden, wie es bei Streitigkeiten auf dem Platz weitergehen sollte. Schiedsrichter hatte es zwar manchmal auch schon gegeben. Sie hatten aber vor allem die Aufgabe, die Spielzeit zu nehmen.

98. A) IST RICHTIG

Die beiden Hilfsschiedsrichter assistieren dem Hauptschiedsrichter. Deshalb werden sie offiziell Assistenten genannt. Der Begriff »Linienrichter« stammt aus einer Zeit, als sie vor allem für Einwürfe und Abseits zuständig waren. Mittlerweile sind die Aufgaben für Schiedsrichterassistenten aber deutlich umfangreicher, daher wird der Begriff Linienrichter nicht mehr verwendet.

99. C) IST RICHTIG

Verwarnungen und Platzverweise hatte es auch schon vor 1970 im Fußball gegeben. Allerdings sprach der Schiedsrichter sie nur mündlich aus. Das führte dazu, dass die Trainer und Vereinsoffiziellen, die Zuschauer und manchmal sogar die Spieler selbst nicht immer genau wussten, ob und wer gerade verwarnt worden war. Deshalb wurde ab der WM 1970 beschlossen, dass der Schiedsrichter eine Gelbe Karte zeigt, wenn er einen Spieler verwarnt. Eine Rote Karte zeigt er, wenn jemand vom Platz gestellt wird.

100. B) IST RICHTIG

Die Kleidung eines Schiedsrichters ist der der Spieler sehr ähnlich. Sie besteht aus einem Trikot, einer kurzen Hose, Fußballschuhen und Stutzen. Bei den Spielern haben die Stutzen die Funktion, die Schienbeinschoner zu halten und zu verdecken. Da Schiedsrichter keine Schienbeinschoner tragen, bräuchten sie eigentlich keine Stutzen – es sieht einfach besser aus.

101. A) IST RICHTIG

Die Farbe des Schiedsrichtertrikots hängt davon ab, in welchen Farben die Spieler auflaufen. Der Schiedsrichter soll immer gut von den Spielern zu unterscheiden sein. Deshalb muss er in einer besonders auffälligen Trikotfarbe auflaufen, die sich deutlich von den Trikots beider Mannschaften abhebt.

102. C) IST RICHTIG

Eine der Mannschaften bekommt den Anstoß, dafür darf die andere auswählen, in welcher Hälfte sie zuerst spielen will. Für diese Entscheidung kommen die Kapitäne der Mannschaften mit dem Schiedsrichter zum Münzwurf zusammen. Der Gewinner kann sich aussuchen, welchen Vorteil er wählt. Entscheidet er sich für die Wahl der Spielfeldhälfte, bekommt die gegnerische Mannschaft den Anstoß – und umgekehrt.

103. C) IST RICHTIG

In den unteren Ligen sowie im Kinder- und Jugendfußball steht der Schiedsrichter in der Regel allein auf dem Platz. In höheren Klassen gibt es zwei Assistenten an den Seitenlinien. Und im Profibereich unterstützt ein »Vierter Offizieller« den Hauptschiedsrichter. In besonders wichtigen Spielen kommen zusätzlich der Videoschiedsrichter und sein Assistent zum Einsatz. Dann umfasst das Schiedsrichter-Team also sogar sechs Personen.

104. C) IST RICHTIG

Das »Hawk Eye«-System unterstützt den Schiedsrichter bei der Frage, ob ein Ball im Tor war oder nicht. Dazu sind Pfosten und Latte der Tore mit Sensoren bestückt, im Ball befindet sich ein Computerchip. So werden beide Tore genau überwacht. Überquert der Ball die Linie, bekommt der Schiedsrichter ein Signal auf eine spezielle Uhr. Das hilft ihm zu erkennen, ob ein Treffer erzielt wurde, auch wenn ihm zum Beispiel Spieler im Weg stehen oder der Ball wieder aus dem Tor herausspringt.

105. C) IST RICHTIG

Eine Schiedsrichterpfeife kann bis zu 115 Dezibel laut werden. Das entspricht ungefähr der Lautstärke einer Kettensäge. Gute Schiedsrichter variieren aber die Lautstärke ihrer Pfiffe. Der Anpfiff ist häufig relativ laut, um zu zeigen, dass es jetzt losgeht. Bei harmloseren Fouls im Mittelfeld pfeift der Schiedsrichter in der Regel eher leiser. Und wenn es hektisch wird, pfeift er lauter, um die Spieler in die Schranken zu weisen.

106. C) IST RICHTIG

Jedes Wochenende finden in Deutschland unzählige Spiele statt: von Norden bis Süden, von Osten bis Westen, von der Kreis- bis zur Bundesliga. Um all diese Spiele regelgerecht über die Bühne zu bringen, braucht man sehr viele Schiedsrichter und Schiedsrichterinnen. Obwohl es insgesamt über 50.000 ausgebildete Schiedsrichter gibt, reicht es trotzdem manchmal nicht für alle Spiele. Und so müssen gelegentlich auch Trainer oder Betreuer zur Pfeife greifen.

107. C) IST RICHTIG

Will ein Trainer einen oder mehrere Spieler auswechseln, muss er das beim Schiedsrichterassistenten anmelden. Dieser wartet, bis das Spiel unterbrochen wird – zum Beispiel, weil der Ball ins Seitenaus gerollt ist. Dann hebt er die Fahne mit beiden Händen über den Kopf. Bei diesem Zeichen weiß der Schiedsrichter, dass es einen Wechsel geben soll.

108. A) IST RICHTIG

Die Schiedsrichterassistenten sollen sich in der Regel nur auf der Seitenlinie bewegen, also nicht auf das Spielfeld oder hinter das Tor laufen. Dabei ist jedem Assistenten eine Spielfeldhälfte zugeteilt. Sie bewegen sich auf der Seitenlinie zwischen der Mittellinie und der Torlinie, die von ihnen aus rechts liegt. So ist ganz klar geregelt, wer in welcher Spielfeldhälfte zum Beispiel ein Abseits anzeigt.

109. C) IST RICHTIG

Eine Fußballmannschaft besteht eigentlich aus elf Spielern. Sind aber mehrere Spieler verletzt oder wegen Platzverweisen gesperrt, kann das Team auch mit weniger Spielern auflaufen. Ein Torwart und sechs Feldspieler müssen es aber mindestens sein. Sonst wird das Spiel nicht angepfiffen.

110. A) IST RICHTIG

Kopfbedeckungen sind für Feldspieler zwar nicht grundsätzlich verboten, aber es gibt dafür eine ganze Reihe von Vorgaben. Sie dürfen keine Verletzungsgefahr darstellen und auch keine vorstehenden Elemente haben. Schirmmützen sind also nicht erlaubt. Nur der Torwart darf eine solche Kappe tragen: Da er den Ball sehr selten köpft, behindert sie ihn nicht. Im Gegenteil: Bei tief stehender Sonne ist eine Schirmmütze sogar hilfreich, um den Ball besser sehen zu können.

111. C) IST RICHTIG

Eigentlich dauert ein Fußballspiel zweimal 45 Minuten. Wenn es aber viele Unterbrechungen gab, in denen der Ball nicht gespielt wurde, kann der Schiedsrichter die 45 Minuten verlängern. Zum Beispiel, wenn Spieler nach Verletzungen längere Zeit auf dem Spielfeld behandelt werden mussten. Oder wenn eine Mannschaft das Spiel verzögert hat, indem sie sich sehr viel Zeit bei Einwürfen oder Freistößen ließ.

112. B) IST RICHTIG

Einen indirekten Freistoß gibt es bei verschiedenen Vergehen einer Mannschaft: Wenn Spieler den Gegner oder den Schiedsrichter beleidigen oder ein Spieler im Abseits steht. Außerdem bei Schwalben oder wenn ein Spieler geblockt wird und so den Ball nicht erreichen kann. Vergehen wie Schlagen, Treten und Trikotziehen werden hingegen mit einem direkten Freistoß bestraft.

113. B) IST RICHTIG

Bekommt eine Mannschaft einen indirekten Freistoß zugesprochen, darf ein Spieler den Ball nicht direkt ins gegnerische Tor schießen. Zuvor muss ihn erst ein anderer Spieler berührt haben, damit der Treffer zählt. Dabei ist es egal, ob ihm der Ball von einem Mitspieler vorgelegt wird oder ob ein gegnerischer Spieler den Ball berührt.

114. C) IST RICHTIG

Gibt der Schiedsrichter einen indirekten Freistoß, hebt er einen
Arm gerade in die Luft. So können alle Spieler erkennen, dass
der Freistoß nicht direkt ins Tor geschossen werden darf. Der
Schiedsrichter soll seinen Arm so lange erhoben halten, bis ein
zweiter Spieler den Ball berührt hat. Dann ist für alle klar, dass
jetzt ein möglicher Treffer ins Tor zählen würde.

115. A), B) UND C) IST RICHTIG

Bei einem Einwurf müssen all diese Kriterien erfüllt sein. Der
einwerfende Spieler muss den Ball mit beiden Händen greifen
und hinter den Kopf führen. Der Blick muss auf das Spielfeld
gerichtet sein. Mit den Füßen muss er den Boden berühren,
und zwar entweder außerhalb des Spielfelds oder auf der
Seitenlinie. Dann muss der Ball mit beiden Händen über dem
Kopf ins Spielfeld geworfen werden.

116. C) IST RICHTIG

Ein Tor kann nur geschossen und niemals geworfen, also
auch nicht durch einen Einwurf erzielt werden. Die Abseitsregel
ist beim Einwurf ebenfalls aufgehoben. Wirft ein Spieler einem
anderen Spieler den Ball mit Absicht ins Gesicht, wird das
allerdings als Tätlichkeit gewertet. Der einwerfende Spieler
bekommt die Rote Karte und das gegnerische Team einen
direkten Freistoß.

117. C) IST RICHTIG

Der Schiedsrichter kann die sogenannte Vorteilsregelung
anwenden. Wenn ein Spieler gefoult wird, muss er nicht sofort
pfeifen. Er kann erst abwarten, ob sich trotzdem ein Vorteil
einstellt, die Mannschaft also in Ballbesitz bleibt. Wenn sie zum
Beispiel kurz vor einem aussichtsreichen Torschuss steht, ist
der Vorteil für die Mannschaft größer, wenn der Schiedsrichter
nicht pfeift, sondern das Spiel weiterlaufen lässt.

118. C) IST RICHTIG

Auch wenn der Schiedsrichter nach einem Foul zunächst auf Vorteil entscheidet und das Spiel nicht unterbricht, kann er noch anders entscheiden. Zwei bis drei Sekunden lang hat er Zeit, um zu bewerten, ob sich durch das Weiterspielen tatsächlich ein Vorteil für die gefoulte Mannschaft einstellt oder ob ein Freistoß der größere Vorteil wäre. Erst dann muss er entscheiden, ob er das Spiel laufen lässt oder einen Freistoß pfeift.

119. C) IST RICHTIG

Der Schiedsrichter kann einen Spieler mit einer Gelben Karte verwarnen, auch wenn er bei dessen Foul zunächst auf Vorteil entschieden und das Spiel deshalb nicht unterbrochen hat. Dafür muss er bis zur nächsten Spielunterbrechung warten, also zum Beispiel, bis der Ball ins Aus geschossen wird. Dann kann er dem Spieler die Gelbe Karte zeigen. Wenn das Foul so hart war, dass der Spieler einen Platzverweis bekommen muss, sollen Schiedsrichter das Spiel allerdings sofort unterbrechen. Dann kann es in der Regel keinen größeren Vorteil für die gegnerische Mannschaft geben, als dass der Spieler das Feld sofort verlassen muss.

120. C) IST RICHTIG

Einen sogenannten »Schiedsrichterball« gibt es für alle Vergehen auf und neben dem Spielfeld, für die weder ein direkter noch ein indirekter Freistoß gepfiffen werden kann. Dann nimmt der Schiedsrichter den Ball in die Hand und lässt ihn auf den Rasen fallen. Ab dem Moment ist das Spiel fortgesetzt.

121. A) IST RICHTIG

Die Abseitsregel soll verhindern, dass die Stürmer einfach vor dem gegnerischen Tor auf Pässe warten – deshalb kommt sie auch nur bei einem Anspiel aus der eigenen Mannschaft zur Anwendung. Sie betrifft aber nicht nur die Stürmer – auch ein Verteidiger kann theoretisch im Abseits stehen. Und sie gilt nicht nur im Strafraum, sondern in der kompletten gegnerischen Spielhälfte.

122. C) IST RICHTIG

Bekommt ein Spieler den Ball zugepasst, lautet eine wichtige Frage: Wie viele gegnerische Spieler befinden sich zwischen ihm und dem gegnerischen Tor? Ist es nur noch einer (in den meisten Fällen der Torwart) oder sogar gar keiner mehr, steht der angespielte Spieler im Abseits. Der Schiedsrichter muss pfeifen und die gegnerische Mannschaft bekommt einen indirekten Freistoß.

123. A) IST RICHTIG

Entscheidend ist der Moment, in dem der Ball abgegeben wird, also den Fuß des Spielers verlässt, der den Ball zuspielt. Stand der angespielte Spieler in diesem Moment noch nicht in einer Abseitsposition, sondern ist erst während des Schusses ins Abseits gelaufen, geht das Spiel weiter und es gibt keinen Freistoß. Für den Schiedsrichter ist eine Abseitsstellung oft nur schwer zu erkennen, deshalb sind dabei besonders die Schiedsrichterassistenten an den Seitenlinien gefragt – und manchmal auch der Videoschiedsrichter.

124. A) IST RICHTIG

Bei einem Einwurf müssen sich alle gegnerischen Spieler mindestens 2 m entfernt vom einwerfenden Spieler aufhalten. Dabei ist es egal, in welcher Spielfeldhälfte der Einwurf ausgeführt wird.

125. C) IST RICHTIG

Bei einem Schiedsrichterball soll die Mannschaft den Ball erhalten, die vor dem Pfiff in Ballbesitz war. Deshalb darf nur ein Spieler dieser Mannschaft direkt beim Schiedsrichter stehen. Alle anderen Spieler – egal, ob vom selben Team oder von der gegnerischen Mannschaft – müssen sich mindestens 4 m entfernt aufhalten.

126. B) IST RICHTIG

Der Schiedsrichter gilt nicht als Teil des Spiels. Berührt er aus Versehen den Ball, läuft das Spiel ganz normal weiter. Es gibt allerdings eine Ausnahme: Schießt ein Spieler den Schiedsrichter aus Versehen an und der Ball prallt dann zur gegnerischen Mannschaft ab, muss das Spiel unterbrochen werden. Damit die Mannschaft, die im Ballbesitz war, durch die Schiedsrichter-Berührung keinen Nachteil hat, bekommt sie in diesem Fall einen Schiedsrichterball.

127. C) IST RICHTIG

Die Spiele der 1. und 2. Bundesliga werden alle am selben Ort von den sogenannten Videoschiedsrichtern überwacht. In einem großen Bürogebäude in Köln befinden sich die Schaltzentralen, in denen jedes Wochenende die Schiedsrichter zusammenkommen. Ursprünglich waren diese Räume in den tieferen Etagen untergebracht, weshalb der Ausdruck »Kölner Keller« entstand. Mittlerweile befinden sich die Büros weiter oben im Gebäude – der Ausdruck ist aber geblieben.

128. A) IST RICHTIG

Die Videoschiedsrichter, die in Köln das Spiel auf dem Monitor verfolgen, melden sich beim Schiedsrichter auf dem Feld nur dann, wenn sie glauben, dass er eine Fehlentscheidung getroffen hat. Manche Entscheidungen sind aber nicht immer eindeutig zu treffen. Deshalb hat der Schiedsrichter auf dem Feld die Möglichkeit, selbst zu einem Monitor am Spielfeldrand zu gehen, um sich die Szene noch einmal anzuschauen. Dieser Bereich wird »Review-Area« genannt.

129. A) IST RICHTIG

Bei jedem Spiel der Bundesliga gibt es insgesamt vier Personen, die vom Bildschirm aus den Schiedsrichter auf dem Feld unterstützen. Den Haupt-Videoschiedsrichter nennt man oft VAR, das ist die Abkürzung der englischen Bezeichnung »Video Assistant Referee«. Er trifft vor dem Bildschirm die Entscheidungen. Dabei wird er von einem Schiedsrichterassistenten unterstützt. Dazu kommt ein Video-Operator, der dafür sorgt, dass die Schiedsrichter die richtigen Einstellungen zu sehen bekommen. Auch er hat einen Assistenten, der ihn bei seinen Aufgaben unterstützt.

130. B) IST RICHTIG

Der ehemalige italienische Schiedsrichter Pierluigi Collina gilt als einer der besten Unparteiischen aller Zeiten. Insgesamt sechsmal wurde er zum »Weltschiedsrichter des Jahres« gewählt. Besonders bekannt wurde er wegen seines speziellen Auftretens und seiner auffälligen Gesten auf dem Spielfeld. Weil er keine Haare hatte, nannten ihn viele »Glatze Gnadenlos«.

131. C) IST RICHTIG

Nachdem er 2008 seine Karriere als sehr erfolgreicher Schiedsrichter beendet hatte, wollte Markus Merk dem Fußball nicht den Rücken kehren. Und so übernahm er ein Amt bei seinem Lieblingsverein, dem 1. FC Kaiserslautern. Dort fungiert er als einer von zwei Chefs des Aufsichtsrats – einem Gremium, das das Präsidium und andere Mitarbeiter des Vereins kontrolliert.

132. A) IST RICHTIG

Robert Hoyzer löste einen Wettskandal im deutschen Fußball aus. Er arbeitete mit einigen Kriminellen zusammen, die sehr hohe Summen auf den Ausgang von Fußballspielen setzten. Hoyzer verabredete mit ihnen, wie die Spiele ausgehen sollten, damit die Kriminellen ihre Wetten entsprechend platzieren konnten. Auf dem Fußballplatz gab er dann Elfmeter oder Rote Karten so, wie es im Vorfeld abgesprochen war. Damit manipulierte er die Spiele. 2005 wurden seine Machenschaften aufgedeckt. Hoyzer wurde verurteilt und als Schiedsrichter lebenslang gesperrt.

133. B) IST RICHTIG

Bibiana Steinhaus war 2017 die erste Frau, die in Deutschland ein Spiel der Männer-Bundesliga pfiff. Ihre erste Partie war die zwischen Hertha BSC Berlin und dem SV Werder Bremen. Zuvor hatte sie bereits jeweils das Finale der Fußball-Weltmeisterschaft der Frauen 2011 sowie das Finale des olympischen Fußballturniers 2012 gepfiffen. 2020 beendete sie ihre Karriere.

134. B) IST RICHTIG

In der 1. und 2. Bundesliga der Frauen werden Männer weder als Schiedsrichter noch als Schiedsrichterassistenten eingesetzt. Erst ab der 3. Liga und in allen weiteren Amateur-Spielklassen können sowohl Frauen als auch Männer die Spiele leiten.

135. A) IST RICHTIG

In der Bundesliga der Männer, im DFB-Pokal und auch bei Europapokalspielen wurden Frauen bereits als Spielleiterinnen eingesetzt. Nur bei Spielen des Weltfußballverbands FIFA ist das noch nicht selbstverständlich. Edina Alves Batista sorgte deshalb bei der FIFA Klub-Weltmeisterschaft 2020 für eine Premiere: Sie leitete das Spiel um Platz fünf.

136. A) IST RICHTIG

Hebt der Schiedsrichterassistent die Fahne mit ausgestrecktem Arm in eine der beiden Spielrichtungen, bedeutet das, dass der Ball die Seitenlinie überquert hat und ins Aus gegangen ist. Mit der Richtung der Fahne zeigt er an, welche Mannschaft den Einwurf bekommt: nämlich die, die in die Richtung spielt, in die er zeigt.

137. C) IST RICHTIG

Wenn der Schiedsrichterassistent erkennt, dass ein Spieler gefoult wurde, hebt er die Fahne mit ausgestrecktem Arm nach oben. Dann wedelt er mit ihr in kurzen Bewegungen in die Richtung des Tors, auf das die Mannschaft des gefoulten Spielers spielt. So erkennt der Schiedsrichter sofort, für wen es einen Freistoß geben soll.

DAS SPIEL HAT 90 MINUTEN! *Die Fußballregeln* !

138. A) IST RICHTIG

Steht ein Spieler im Abseits, zeigt der Schiedsrichterassistent das mit erhobener Fahne an. Sobald der Schiedsrichter das Zeichen gesehen und gepfiffen hat, ändert der Assistent die Haltung seiner Fahne. In diesem zweiten Schritt zeigt er nun an, wo sich ein Spieler im Abseits befand: im Drittel direkt vor sich, in der Spielfeldmitte oder im hinteren Drittel des Spielfelds.

139. C) IST RICHTIG

Die Art und Weise, wie ein Spieler jubelt, hat keine Auswirkungen darauf, ob das Tor, das er gerade erzielt hat, als Treffer zählt oder nicht. Trotzdem ist nicht jeder Jubel erlaubt. Zieht er sich das Trikot aus, wird das als Zeitspiel bewertet. Dafür bekommt der Spieler eine Gelbe Karte.

140. B) IST RICHTIG

Beim Torjubel sind mehrere Verhaltensweisen nicht erlaubt. Spieler dürfen sich ihre Trikots nicht ausziehen, sonst bekommen sie eine Gelbe Karte. Genauso wenig dürfen sie auf den Zaun klettern, der die Fans vom Spielfeld trennt. Auch dafür gibt es eine Gelbe Karte. Macht ein Spieler beim Torjubel beides hintereinander, bekommt er zunächst eine Gelbe und dann die Gelb-Rote Karte und darf nicht mehr mitspielen.

141. A) IST RICHTIG

Auch beim Torjubel müssen Auswechselspieler, Trainer und Betreuer außerhalb des Spielfelds und in der Nähe ihrer eigenen Bank bleiben. Offiziell dürfen sie das Spielfeld nicht betreten. Weil bei manchen Toren aber der Jubel so groß ist, dass sich viele Spieler nicht zurückhalten können und zu ihren Mitspielern laufen, drücken viele Schiedsrichter dabei ein Auge zu.

142. A) IST RICHTIG

Weil es auf den Färöer-Inseln häufig so windig ist, dass der Ball leicht wegrollen kann, gibt es hier eine weltweit einzigartige Sonderregel. Damit der Ball bei einem Strafstoß auf dem Elfmeterpunkt liegen bleibt, darf ein Mitspieler ihn mit der Hand festhalten, bis der Schütze ihn aufs Tor schießt.

143. A) IST RICHTIG

Vor der Partie kommen beide Kapitäne der Mannschaften mit dem Schiedsrichter zusammen. Dabei wird ausgelost, welche Mannschaft den ersten Anstoß hat und wer in welcher Spielfeldhälfte spielt. Ausgelost wird in der Regel mit einer Münze, die der Schiedsrichter hochwirft. Bis zum Ende der Saison 2018/2019 bekam der Verlierer automatisch den Anstoß und der Gewinner durfte die Spielfeldhälfte wählen.
Seit der Saison 2019/2020 kann sich der Gewinner aussuchen, für welchen Vorteil er sich entscheidet.

144. C) IST RICHTIG

Auch in der Halbzeitpause dürfen die Spieler niemanden beleidigen – weder Mitspieler noch gegnerische Spieler, Zuschauer oder den Schiedsrichter. Passiert das doch, bekommt der entsprechende Spieler einen Feldverweis. Er darf nicht mehr am Spiel teilnehmen und seine Mannschaft spielt in der zweiten Halbzeit mit einem Spieler weniger. Nach der Pause geht es aber ganz regulär mit dem Anstoß zur zweiten Halbzeit weiter.

145. C) IST RICHTIG

Aus einem indirekten Freistoß kann nicht direkt ein Tor erzielt werden. Wird der Ball trotzdem ins Tor geschossen, ohne dass ihn vorher ein anderer Spieler berührt hat, geht es mit einem Abstoß für die verteidigende Mannschaft weiter.

146. C) IST RICHTIG

Aus einem indirekten Freistoß kann nicht direkt ein Tor erzielt werden – das gilt auch für Eigentore. Deshalb zählt der Treffer nicht, sondern es wird so getan, als ob der Ball ins Aus geschossen worden wäre. Das führt dann dazu, dass der Schiedsrichter einen Eckstoß gibt.

147. C) IST RICHTIG

Wenn die gegnerische Mannschaft einen Freistoß in der Nähe des Strafraums zugesprochen bekommt, bilden die Abwehrspieler häufig eine Mauer. So wollen sie den eigenen Torwart unterstützen und den Ball aufhalten, falls er direkt aufs Tor geschossen wird. Die Spieler in der Mauer müssen sich allerdings entscheiden, ob sie hochspringen, um einen möglicherweise hohen Ball abzuwehren, oder ob sie stehen bleiben, weil sie glauben, dass flach geschossen wird. Deshalb nutzen manche Spieler einen Trick und legen sich hinter die Mauer. Dann können die Mauer-Spieler hochspringen und der Ball wird trotzdem aufgehalten, wenn der Stürmer unter der Mauer durchschießt.

148. C) IST RICHTIG

Wird der Ball gegen die Eckfahne geschossen und prallt von dort zurück auf das Spielfeld, läuft das Spiel einfach weiter. Allerdings sind die meisten Eckfahnen elastisch, sie bleiben also nicht starr stehen, wenn ein Ball gegen sie prallt. Deshalb ist die Wahrscheinlichkeit hoch, dass der Ball danach doch ins Aus rollt. Dann gibt es einen Einwurf oder Abstoß bzw. Eckstoß.

149. C) IST RICHTIG

Wirft ein Spieler einen anderen mit einem Gegenstand ab, wird das als Tätlichkeit gewertet. Dabei ist es egal, ob es sich um einen Schuh, eine Wasserflasche oder den Ball handelt. Deshalb bekommt der einwerfende Spieler eine Rote Karte und damit einen Feldverweis. Das Spiel geht mit einem Freistoß für die gegnerische Mannschaft weiter.

150. A) IST RICHTIG

Wenn der Torwart den Ball von seinem Mitspieler zugespielt bekommt, darf er ihn nicht in die Hand nehmen – die sogenannte Rückpassregel. Das gilt aber nur, wenn der Mitspieler ihm den Ball absichtlich und mit dem Fuß zugespielt hat. Köpft er den Ball oder lässt ihn von der Brust »abtropfen«, darf der Torwart ihn in die Hand nehmen.

151. C) IST RICHTIG

Der Deutsche Fußball-Bund ist mit über 7 Millionen Mitgliedern der größte Sportverband der Welt. Zu den Mitgliedern zählen neben den Ligaspielern auch die Spieler der Jugend- und Seniorenmannschaften sowie die Schiedsrichter. Aber auch die Fans, die Mitglied ihrer Lieblingsvereine sind, sind Teil des DFB.

152. C) IST RICHTIG

Innerhalb eines Jahres werden in Deutschland insgesamt ungefähr 1,5 Millionen Fußballspiele angepfiffen. Dazu zählen alle Meisterschaftsspiele, Freundschaftsspiele und Pokalspiele – von den Kinder- und Jugendmannschaften über die Amateurteams in den Kreisligen bis hin zum Profifußball der Frauen und Männer.

153. B) IST RICHTIG

Die Zahl der gemeldeten Mannschaften ändert sich jedes Jahr ein wenig. Manchmal müssen Vereine ihre Teams wieder abmelden, weil es nicht genügend Spielerinnen und Spieler gibt. Dafür melden sich woanders neue Mitglieder an, sodass auch neue Mannschaften gegründet werden. Insgesamt gibt es in Deutschland aber ungefähr 130.000 offizielle Teams.

154. C) IST RICHTIG

Nach jedem Spieltag in der Bundesliga gibt es eine aktualisierte Tabelle, in der die Mannschaften nach Punktestand aufgelistet werden. Verliert ein Team ein Spiel, rutscht es wahrscheinlich in der Tabelle nach unten. Es darf am nächsten Spieltag aber natürlich wieder antreten. Anders ist das beim DFB-Pokal: Wer hier ein Spiel verliert, ist sofort ausgeschieden. Das geht so lange, bis nur noch zwei Mannschaften übrig sind und sich im Finale gegenüberstehen.

155. A) IST RICHTIG

Der Deutsche Fußball-Bund (kurz DFB) gründete die Bundesliga, seit 2001 wird sie aber von der Deutschen Fußball Liga (kurz DFL) durchgeführt und organisiert. Darin sind alle Vereine der 1. und 2. Bundesliga zusammengeschlossen. Der DFB kümmert sich nur noch um alle Ligen ab der 3. Liga abwärts und um den DFB-Pokal.

156. B) IST RICHTIG

Die Meistertrophäe wird als Schale bezeichnet. Sie ist kreisrund und besteht aus Silber. In die Außenringe werden die Meisterschaften eingraviert. Die Schale ist ein Wanderpokal. Wird ein Verein Deutscher Meister, darf er sie eine Saison lang behalten, dann wird sie dem neuen Meister überreicht. Allerdings wird immer ein Duplikat erstellt – also eine Nachbildung. Diese darf der jeweilige Meister behalten.

157. A) IST RICHTIG

Während bei allen anderen Vereinen Menschen in riesigen Kostümen als Maskottchen an der Seitenlinie stehen, haben Eintracht Frankfurt und der 1. FC Köln lebendige Tiere als Glücksbringer. In Frankfurt fliegt Adler Attila vor jedem Spiel durch das Stadion. In Köln steht Geißbock Hennes neben dem Spielfeld.

158. C) IST RICHTIG

Das größte Fußballstadion Deutschlands steht in Dortmund. Dort trägt der BVB seine Heimspiele vor über 81.000 Zuschauern aus. Auf der Südtribüne des Stadions können 25.000 Fans stehen. Damit ist sie die größte Stehtribüne in ganz Europa. Ins Münchener Stadion passen etwas mehr als 75.000 Fans, ins Berliner Olympiastadion etwas weniger als 75.000.

159. B) IST RICHTIG

Laut den offiziellen Vorgaben muss jeder Bundesligaverein
ein spezielles Radioprogramm für blinde und sehbehinderte
Zuschauer anbieten. Mit Empfängern und Kopfhörern aus-
gestattet können die blinden Fans von ihren Plätzen im Stadion
aus ganz genau verfolgen, was sich gerade auf dem Rasen ab-
spielt. Für diese Aufgabe werden die Reporter eigens geschult.

160. B) IST RICHTIG

Im Sommer 1962 beschloss der Deutsche Fußball-Bund, den
deutschen Fußballmeister ab dem folgenden Jahr in einer
Bundesliga nach dem Tabellensystem zu ermitteln. Bis dahin
hatte es mehrere Ligen in ganz Deutschland gegeben, deren
Meister in einer Endrunde im Pokalmodus ermittelt wurde.
Mit der Saison 1963/1964 startete die Fußball-Bundesliga.

161. A) IST RICHTIG

In der 1. Bundesliga der Männer spielen 18 Mannschaften
gegeneinander. Es gibt eine Hin- und eine Rückrunde, deshalb
spielt jedes Team zweimal gegen jedes andere. So kommt die
Bundesliga innerhalb einer Saison auf 34 Spieltage.

162. C) IST RICHTIG

Aus jedem Bundesland kam in der Vergangenheit schon
mindestens ein Bundesligaverein – nur nicht aus Schleswig-
Holstein. Im nördlichsten Bundesland Deutschlands gibt es
einfach nicht so viele und vor allem nicht so erfolgreiche
Vereine. Holstein Kiel und der VfB Lübeck haben es schon in
die 2. Bundesliga geschafft, höher allerdings bisher nicht.

163. C) IST RICHTIG

In der Premieren-Saison der Bundesliga 1963/1964 wurde der
1. FC Köln Meister. Schon zwei Jahre zuvor hatte der Klub die
Deutsche Fußballmeisterschaft gewonnen, die damals jedoch
noch nicht in der Bundesliga ermittelt wurde. Ein drittes Mal
gelang dem FC die Meisterschaft in der Saison 1977/1978.
Seitdem warten die Fans auf den nächsten Meistertitel.

164. C) IST RICHTIG

Spielt eine Mannschaft nicht so erfolgreich, wie Vorstand und
Präsidium es sich erhoffen, wird häufig der Trainer entlassen
und durch einen anderen Trainer ersetzt. In Freiburg ist das
in der Regel anders. Über 16 Jahre lang war dort Volker Finke
Cheftrainer. Auch der aktuelle Coach Christian Streich sitzt
bereits seit fast zehn Jahren auf der Trainerbank.

165. B) IST RICHTIG

Die TSG Hoffenheim trägt ihre Heimspiele zwar in einem eigenen
Stadion aus, in dem sonst keine anderen Spiele stattfinden.
Diese Arena steht allerdings nicht in Hoffenheim, sondern im
benachbarten Sinsheim. Die allerersten Bundesligaspiele
spielte Hoffenheim übrigens in Mannheim, weil das eigene
Stadion noch nicht fertig gebaut war.

166. A) IST RICHTIG

Das erste Spiel der Bundesliga fand zwischen Werder Bremen
und Borussia Dortmund statt. Es sollte um 17 Uhr beginnen, der
Schiedsrichter pfiff die Partie aber schon eine Minute früher
an. Prompt fiel das 1:0 in der ersten Spielminute und damit
offiziell bereits vor Bundesliga-Start.

167. C) IST RICHTIG

Bereits fünfmal stand Bayer Leverkusen knapp davor,
Deutscher Meister zu werden, und schaffte es am Ende
doch nicht. Am dramatischsten verlief das Finale der Saison
1999/2000. Vor dem letzten Spieltag hatte Bayer Leverkusen
drei Punkte Vorsprung auf Bayern München, brauchte also
nur noch ein Unentschieden, um die Schale zu gewinnen.
Doch das Team verlor das letzte Spiel und Bayern wurde
aufgrund des besseren Torverhältnisses doch noch Meister.

168. A) IST RICHTIG

2009 war der Verfall nicht mehr zu übersehen: Die Heimspiel-
stätte von Union Berlin, das Stadion »Alte Försterei«, brauchte
dringend eine Restaurierung. Aber dem Verein fehlte das Geld.
Kurzerhand erklärten sich viele der treuen Union-Fans bereit,
selbst mit anzupacken und beim Umbau zu helfen.

169. A) IST RICHTIG

Trainer, die eine Profimannschaft trainieren wollen, müssen
sich zum »Fußball-Lehrer« ausbilden lassen – das ist die
höchste Lizenzstufe, die man als Trainer in Deutschland
erreichen kann. Davor gibt es – von unten nach oben – noch
die C-, B- und A-Lizenz. Mit diesen Ausbildungen darf man
beispielsweise Jugendmannschaften betreuen.

170. C) IST RICHTIG

Fortuna Köln lag zur Halbzeitpause mit 0:2 gegen Mannheim
zurück. Weil er schon seit Längerem mit der Arbeit des Trainers
nicht mehr zufrieden war, machte der Präsident des Vereins,
Jean Löring, kurzen Prozess: Noch in der Pause entließ er
Schumacher und setzte sich in der zweiten Halbzeit selbst
auf die Trainerbank. Fortuna verlor noch mit 1:5.

171. A) IST RICHTIG

Otto Rehhagel war in 832 Bundesligaspielen als Trainer für seine Mannschaft verantwortlich. Dabei trainierte er sieben verschiedene Vereine, unter anderem Werder Bremen, Borussia Dortmund und den FC Bayern München.

172. B) IST RICHTIG

Achtmal wurde die deutsche Frauen-Nationalmannschaft bisher Europameister. Jedes Mal war Silvia Neid daran maßgeblich beteiligt. 1989, 1991 und 1995 stand sie selbst als Spielerin auf dem Platz. Bei den Erfolgen 1997, 2001 und 2005 saß sie als Co-Trainerin auf der Bank. Und 2009 und 2013 führte sie die Mannschaft als Cheftrainerin zum Titel.

173. C) IST RICHTIG

Beim sogenannten Lactat-Test müssen die Spieler laufen oder auf einem Fahrrad fahren. Dabei gibt es immer wieder kurze Pausen, in denen ihnen ein bisschen Blut aus dem Ohrläppchen entnommen wird. Das Blut wird dann vom Trainerteam und seinen medizinischen Assistenten getestet. Sie ermitteln, wie viel Lactat – ein Milchsäure-Stoff – im Blut vorhanden ist. An diesem Wert lässt sich ablesen, wie fit jeder einzelne Spieler ist.

174. A) IST RICHTIG

Die deutsche Mannschaft, die 2014 in Brasilien Weltmeister wurde, wurde von Joachim »Jogi« Löw aufgestellt. Beim DFB hatte er als Assistent von Jürgen Klinsmann begonnen. Klinsmann trainierte die Nationalmannschaft zwischen 2004 und 2006. Danach übernahm Jogi Löw das Amt. Sein letzter Einsatz als Bundestrainer war die EM 2021, bei der die deutsche Nationalmannschaft im Achtelfinale gegen England ausschied.

175. A) IST RICHTIG

Spieler, die in der taktischen Formation ihres Trainers für einen bestimmten Bereich vorgesehen sind, dürfen auf dem Platz auch alle anderen Aufgaben übernehmen. Ein Verteidiger darf also auch Tore schießen, ein Stürmer das eigene Tor verteidigen. Die einzige Ausnahme: Den Ball in die Hand nehmen darf wirklich nur der Torhüter.

176. B) IST RICHTIG

Mit der Bezeichnung »4-3-3« wird die taktische Aufstellung einer Mannschaft beschrieben. Für das Verteidigen werden vier Abwehrspieler aufgestellt. Im Mittelfeld sollen drei weitere Spieler agieren und für die Tore sollen drei Stürmer sorgen. Wenn man sich die Spieler während eines Spiels anschaut, kann man häufig geometrische Formen erkennen: Die vier Abwehrspieler werden in der Regel in einer Linie nebeneinander spielen. Die drei Mittelfeldspieler stehen wahrscheinlich in einem kleinen Dreieck, das nach vorne geöffnet ist, zueinander. Die drei Stürmer bilden dazu ein umgekehrtes Dreieck, dessen Spitze zum gegnerischen Tor zeigt.

177. C) IST RICHTIG

Klassischerweise wird der zentrale Mittelfeldspieler einer Mannschaft als »Spielmacher« bezeichnet. Er bewegt sich in der Regel in der Mitte seines Teams. Wenn die Verteidiger den Ball gewonnen haben, leiten sie ihn nach vorne weiter. Vor dem gegnerischen Tor warten die Stürmer darauf, den Ball zu bekommen, um ein Tor zu erzielen. Um also den Ball von den Verteidigern zu den Stürmern zu befördern, braucht es die Mittelfeldspieler. Und dabei soll vor allem der zentrale Spieler diese Aufgabe übernehmen und somit »das Spiel machen«.

178. A) IST RICHTIG

Als Flanke wird ein Schuss bezeichnet, mit dem der Ball im hohen Bogen in den Strafraum getreten wird. Die Stürmer können dann versuchen, den Ball direkt per Kopfball oder mit einem Torschuss ins Tor zu befördern.

179. B) IST RICHTIG

Das »Pressing« ist eine taktische Methode, mit der eine Mannschaft den Ball zurückerobern möchte. Dabei warten die Spieler mit dem Verteidigen nicht ab, bis sich der Gegner mit dem Ball bis zu ihrem Tor gespielt hat. Die Verteidigung beginnt beim »Pressing« schon mit den eigenen Stürmern. Sie laufen gemeinsam schnell auf die gegnerischen Spieler zu, pressen sich also sozusagen gegen den Gegner. Auf diese Weise wollen sie erreichen, dass die gegnerischen Spieler Fehler begehen und den Ball verlieren.

180. B) IST RICHTIG

Wenn eine Mannschaft im taktischen System des »Tiki-Taka« spielt, versucht sie, mit vielen kurzen Pässen bis vor das gegnerische Tor zu kommen. Der Begriff stammt von einem spanischen Kinderspiel, bei dem man Kugeln gegeneinander klicken und -klacken lässt. Beim Kurzpass-Spiel »klickt und klackt« der Ball ganz schnell von einem Spieler zum anderen.

181. B) IST RICHTIG

Karl-Heinz »Charly« Körbel ist mit 602 Einsätzen der Rekordspieler der Bundesliga. Alle Spiele machte er nur für einen einzigen Verein: Eintracht Frankfurt. Manfred Kaltz steht mit 581 Spielen auf dem zweiten Platz der Rekord-Liste, Oliver Kahn mit 557 Spielen auf dem dritten.

182. C) IST RICHTIG

Robert Lewandowski wechselte 2010 vom polnischen Verein Lech Posen zu Borussia Dortmund. Mit dem BVB wurde er zweimal Deutscher Meister und einmal DFB-Pokal-Sieger. 2013 stand er mit dem BVB im Champions-League-Finale. Ein Jahr später wechselte er dann zum FC Bayern München.

183. B) IST RICHTIG

Willi Lippens wurde »Ente« genannt, weil er beim Laufen immer etwas watschelte. Das hinderte ihn aber nicht daran, 92 Bundesligatore zu erzielen.

184. A) IST RICHTIG

Gerd Müller erzielte in seiner Karriere 365 Tore – so viele wie sonst kein anderer Spieler. Müller spielte zwischen 1964 und 1979 in der Bundesliga. Dabei lief er immer für denselben Verein auf: den FC Bayern München.

185. C) IST RICHTIG

Insgesamt sieben Mal erzielte Gerd Müller die meisten Treffer aller Spieler in der jeweiligen Saison. Dreimal musste er sich den Titel allerdings teilen: 1967 mit Lothar Emmerich von Borussia Dortmund, 1974 mit Jupp Heynckes von Borussia Mönchengladbach und 1978 mit Dieter Müller vom 1. FC Köln.

186. A) IST RICHTIG

Auch diesen Rekord hielt Gerd Müller fast 50 Jahre lang.
In der Saison 1971/1972 erzielte er für den FC Bayern München
insgesamt 40 Treffer. Das hat vor und nach ihm niemand
sonst geschafft. Bis Robert Lewandowski kam: In der Saison
2020/2021 schoss er sogar 41 Tore und stellte damit den
jahrzehntelangen Rekord in den Schatten.

187. B) IST RICHTIG

Erst 1990 wurde die Bundesliga der Frauen eingeführt.
Zunächst wurde in zwei Ligen gespielt. Die Vereine wurden
dabei in eine Nord- und eine Südstaffel eingeteilt. Die jeweils
ersten beiden Teams der Tabelle spielten dann im Halbfinale
gegeneinander, ehe der Meister in einem Finale bestimmt
wurde.

188. A) IST RICHTIG

Der FC Bayern München ist Rekordmeister der Männer-
Bundesliga. Aber auch das Frauenteam konnte schon mehrere
Titel erringen. Das Männerteam des VfL Wolfsburg wurde bislang einmal Deutscher Meister. Die Frauen des Vereins sind
deutlich erfolgreicher: Sie gewannen sowohl die Meisterschaft
als auch den Pokal sowie die Champions League mehrfach.
2012/2013 gelang ihnen sogar das »Triple«: Am Ende der
Saison hatten sie alle drei Wettbewerbe gewonnen.

189. B) IST RICHTIG

Der erfolgreichste ostdeutsche Klub des Frauenfußballs ist
der 1. Frauenfußballclub Turbine Potsdam. Er gewann nicht nur
sechsmal die DDR-Meisterschaft, sondern siegte auch schon
mehrfach in der gesamtdeutschen Bundesliga, im DFB-Pokal
und in der Champions League.

HEIMSPIEL! *Der Fußball in Deutschland* !

190. C) IST RICHTIG

Dem Meister der 2. Bundesliga wird ebenso wie dem Bundes-
ligameister eine Meisterschale überreicht. Der Spieler, der
Torschützenkönig wird – also die meisten Tore innerhalb einer
Saison geschossen hat –, erhält als Trophäe die sogenannte
Torjägerkanone. Nur »Herbstmeister« ist keine offizielle Auszeichnung. So wird die Mannschaft bezeichnet, die am Ende
der Hinrunde ganz oben in der Tabelle steht.

191. C) IST RICHTIG

Am Ende der Saison 1995/1996 stieg der 1. FC Kaiserslautern
aus der Bundesliga in die 2. Bundesliga ab. In der folgenden
Saison verlor er nur vier Spiele und stieg als Zweitligameister
direkt wieder auf. Was dann folgte, war ein Fußballwunder:
Gerade erst wieder aufgestiegen, gewann der FCK auch in der
1. Bundesliga fast alle Spiele und sicherte sich am Ende der
Saison 1997/1998 die Meisterschale.

192. C) IST RICHTIG

Meister und Zweitplatzierter der 2. Bundesliga steigen am Ende
einer Saison in die Bundesliga auf, dafür steigen die beiden
letzten Klubs der 1. Liga ab. Der Dritte der 2. Bundesliga muss
allerdings gegen den Drittletzten der Bundesliga um den Einzug
ins Oberhaus spielen. Der Sieger wird in Hin- und Rückspiel
ermittelt.

193. A) IST RICHTIG

Die Meisterschale der 2. Bundesliga wurde das erste Mal 2009
übergeben. Gestaltet hat sie der Künstler Adolf Kunesch. Mit
den sieben Strahlen wollte er die Eigenschaften symbolisieren,
die man aus seiner Sicht braucht, um Meister zu werden:
Leidenschaft, Teamgeist, Nervenstärke, Taktik, Durchhalte-
vermögen, Technik und Siegeswillen.

194. C) IST RICHTIG

Friedhelm Funkel stieg als einziger Trainer sechsmal in seiner Karriere von der 2. Bundesliga in die 1. auf. Das gelang ihm zweimal mit dem KFC Uerdingen und je einmal mit dem MSV Duisburg, dem 1. FC Köln, Eintracht Frankfurt und Fortuna Düsseldorf. Zwischen dem ersten und dem letzten Aufstieg lagen 16 Jahre.

195. B) IST RICHTIG

Mit 508 Spielen in der 2. Bundesliga ist Willi Landgraf der Rekordspieler der Liga. Landgraf spielte in der Abwehr von Rot-Weiss Essen, vom FC Bad Homburg, vom FC Gütersloh und von Alemannia Aachen. Weil er immer alles gab und die meisten Zweikämpfe gewann, nannten ihn die Fans liebevoll »Willi, das Kampfschwein«.

196. A) IST RICHTIG

Der TSG Hoffenheim gelang ein Durchmarsch aus der 3. in die 1. Liga. 2006 spielte sie noch in der Regionalliga, der damaligen dritten Liga. 2007 schaffte sie den Aufstieg in die 2. Bundesliga – und nach dieser ersten Zweitligasaison sogar als Tabellenzweiter den Aufstieg in die Bundesliga.

197. C) IST RICHTIG

Schon über 120 verschiedene Vereine haben mit ihren Mannschaften in der 2. Bundesliga gespielt. Darunter bekannte Klubs wie der Hamburger SV, Hannover 96 oder Hansa Rostock. Aber auch unbekannte Vereine aus kleinen Städten spielten schon zweitklassig, zum Beispiel der FC Remscheid, der DSC Wanne-Eickel oder der FK Pirmasens.

198. A) IST RICHTIG

Weil nach der Wiedervereinigung der Bundesrepublik
Deutschland mit der Deutschen Demokratischen Republik
viele Mannschaften aus Ostdeutschland in die Bundesligen
eingegliedert werden mussten, gab es eine außergewöhnliche
Übergangszeit. Das hatte zur Folge, dass die Saison der
2. Bundesliga 1992/1993 mit 24 Teams gespielt wurde.
In dieser Rekordsaison mussten am Ende sieben Mannschaften
absteigen – übrigens keine aus dem Osten.

199. B) IST RICHTIG

Die meisten Spiele in der Frauen-Bundesliga bestritt Kerstin
Garefrekes. Zwischen 1998 und 2016 stand sie 355 Mal für
den FFC Heike Rheine und den 1. FFC Frankfurt auf dem Rasen.
Mit Frankfurt wurde sie dreimal Deutsche Meisterin und
gewann viermal den DFB-Pokal.

200. C) IST RICHTIG

314 Tore schoss Inka Grings in der Frauen-Bundesliga – einsamer
Rekord! Von 1995 bis 2011 spielte sie 16 Jahre lang für den
FCR Duisburg in der 1. Liga, schoss also alle Tore für dieselbe
Mannschaft. Nach ihrem Abschied aus Duisburg spielte Grings
noch in Zürich, Köln und Chicago.

201. A) IST RICHTIG

Zwischen 2001 und 2008 gab es in Deutschland offiziell keine
bessere Fußballspielerin als Birgit Prinz. Achtmal in Folge
wurde sie zu »Deutschlands Fußballerin des Jahres« gewählt.
Das hat sonst niemand auch nur annähernd erreicht. Während
dieser Zeit spielte sie ausschließlich für einen Verein: den
1. FFC Frankfurt.

202. C) IST RICHTIG

Nur eine einzige Saison lang spielte Wismut Aue in der Frauen-Bundesliga: in der Saison 1991/1992. Im Gedächtnis geblieben ist das Team aber trotzdem. In der Mannschaft spielten nämlich gleich drei Zwillingspaare: Kersten und Elke Guderian, Kathrin und Heike Hecker und Dorit und Heike Scheibe.

203. A) IST RICHTIG

17 Tore in nur einem Spiel – so viele Tore fielen sonst in keinem Bundesligaspiel der Geschichte, weder bei den Frauen noch bei den Männern. Am 17. April 2006 gewann der 1. FFC Frankfurt im Stadt-Derby gegen den FSV Frankfurt mit dem Rekordergebnis von 17:0. Dabei schoss Stürmerin Birgit Prinz mit vier Treffern die meisten Tore.

204. A) IST RICHTIG

Der SC Bad Neuenahr war 1990 Gründungsmitglied der Frauen-Bundesliga. Am Ende der Saison, im Sommer 1991, stieg das Team allerdings ab. Zwei Jahre später gelang der Wiederauf-stieg. Dann ging es direkt wieder runter und direkt wieder rauf – ganze zweimal. Erst ab der Saison 1997/1998 konnte sich der Verein dauerhaft in der Frauen-Bundesliga halten.

205. A) IST RICHTIG

Aus der 1. und 2. Bundesliga nehmen alle Mannschaften am DFB-Pokal teil. Dabei zählt immer die Abschlusstabelle der vorherigen Saison. Mannschaften, die aus der 2. Bundesliga in die 3. Liga absteigen, dürfen also trotzdem am kommenden DFB-Pokal teilnehmen.

ANTWORTEN

HEIMSPIEL! Der Fußball in Deutschland **!**

206. A) IST RICHTIG

Bis 2007 konnte sowohl die Profimannschaft im DFB-Pokal antreten als auch die zweite Mannschaft des Vereins, die sogenannten Amateure – sofern sich beide qualifiziert hatten. Manchmal spielten die Teams dann sogar gegeneinander: So traten in der Saison 1976/1977 die Amateure des FC Bayern München gegen die eigenen Profis an. Das Spiel endete 5:3 für die erste Mannschaft. 2000/2001 passierte das gleiche Schicksal den Mannschaften des VfB Stuttgart. Seit 2008 darf nur noch eine Mannschaft desselben Vereins am DFB-Pokal teilnehmen.

207. B) IST RICHTIG

Weil man davon ausgehen kann, dass es für die klassen-tiefere Mannschaft schwieriger ist, das Spiel zu gewinnen, soll sie immerhin einen Vorteil bekommen: das eigene Zuhause. Deshalb finden Pokalspiele zwischen Profi- und Amateur-mannschaften immer im Heimstadion des Amateurklubs statt. Einzige Ausnahme: wenn das Stadion nicht den Ansprüchen des DFB genügt, also zum Beispiel die Sicherheit von vielen Zuschauern nicht gewährleistet ist.

208. B) IST RICHTIG

Schon viermal stand der MSV Duisburg im Finale des DFB-Pokals. 1966 verlor er gegen den FC Bayern München mit 2:4. 1975 war es deutlich knapper: Gegen Eintracht Frankfurt verlor Duisburg mit 0:1. 1998 dann das nächste Finale gegen die Bayern: Der Rekordpokalsieger gewann mit 2:1. Das letzte Finale bestritt der MSV Duisburg 2011 gegen den FC Schalke 04. Auch hier musste er sich geschlagen geben – und zwar deutlich mit 0:5.

HEIMSPIEL! *Der Fußball in Deutschland* !

209. B) IST RICHTIG

Der Mittelfeldspieler Kurt Sommerlatt ist der einzige Spieler, der dreimal nacheinander den DFB-Pokal gewinnen konnte: 1955 und 1956 mit dem Karlsruher SC und im darauffolgenden Jahr mit dem FC Bayern München.

210. C) IST RICHTIG

Beim längsten Elfmeterschießen der DFB-Pokal-Geschichte wurden 26 Schüsse abgegeben. Zwischen dem Drittligisten SV Sandhausen und dem Erstligisten VfB Stuttgart stand es nach 90 Minuten 2:2. Auch in der Verlängerung fielen keine Tore, also musste ein Elfmeterschießen die Entscheidung bringen. Alle zehn Schüsse der ersten Runde gingen ins Tor – und es folgten noch weitere 15 Treffer. Erst Hendrik Herzog vom VfB Stuttgart traf mit dem 26. Elfmeter den Pfosten – Stuttgart schied aus.

211. A) IST RICHTIG

Der Pokal, den der Sieger des Finalspiels überreicht bekommt, ist 52 cm hoch. Er besteht aus vergoldetem Silber und ist mit Bergkristallen und anderen Edelsteinen verziert. Genau 6,25 kg ist die Trophäe schwer. Das edle Material hat insgesamt einen Wert von 35.000 Euro. Der wahre Wert des Pokals ist aber natürlich noch viel höher – schließlich ist es extrem schwierig, ihn zu gewinnen.

212. C) IST RICHTIG

München ist eine von nur drei Städten, die jeweils zwei verschiedene Pokalsieger hervorgebracht hat. Neben dem FC Bayern konnte auch der TSV 1860 München den Pokal zweimal gewinnen. Aus Essen gelang das den Vereinen Rot-Weiss und Schwarz-Weiß. Die dritte Stadt ist Wien. Als auch österreichische Vereine am Pokalwettbewerb teilnehmen durften, konnten einmal Rapid Wien und einmal der First Vienna FC den Titel gewinnen.

213. C) IST RICHTIG

Mirko Votava bestritt in seiner Karriere 79 Pokalspiele – so viele wie sonst kein anderer Spieler. Votava spielte für Borussia Dortmund und für den SV Werder Bremen. Mit den Bremern wurde er 1991 und 1994 sogar DFB-Pokalsieger. Gerd Müller ist der Spieler mit den meisten DFB-Pokal-Toren. Bastian Schweinsteiger konnte den Pokal am häufigsten gewinnen: insgesamt siebenmal.

214. C) IST RICHTIG

1992 erreichte Hannover 96 das DFB-Pokalfinale – als Zweitligist. In Berlin stand das Team dem Erstligisten Borussia Mönchengladbach gegenüber. Die 90 Minuten endeten 0:0 und auch in der Verlängerung gelang keiner Mannschaft ein Treffer. Also ging es ins Elfmeterschießen. Dabei schoss der Zweitligist Hannover 96 ein Tor mehr und sicherte sich durch ein 4:3 den Pokal.

215. C) IST RICHTIG

Lange Zeit war der 1. FC Nürnberg der Rekordsieger im DFB-Pokal. Den letzten seiner vier Titel konnte er 2007 erzielen. Auch Köln und Dortmund gewannen bislang jeweils vier Titel. Zweimal öfter durften allerdings die Spieler von Werder Bremen den Pokal in die Höhe stemmen – zuletzt 2009, als sie Bayer Leverkusen mit 1:0 bezwingen konnten. Damit ist Werder Bremen der Klub mit den zweitmeisten Pokalsiegen.

216. C) IST RICHTIG

Der DFL-Supercup wird ausgetragen, um die allerbeste Mannschaft Deutschlands zu ermitteln. Dazu tritt der DFB-Pokalsieger einer Saison gegen den aktuellen Deutschen Meister an. Der Cup beginnt sozusagen direkt mit dem Finale, es gibt nämlich nur ein Spiel. Wenn der DFB-Pokalsieger zugleich Deutscher Meister geworden ist, spielt er gegen den Vizemeister.

217. C) IST RICHTIG

Die Ursprünge des Futsal liegen in Uruguay und Brasilien. Sowohl aus Montevideo in Uruguay als auch aus São Paulo in Brasilien gibt es Berichte darüber, dass dort seit den 1930er-Jahren ganz speziell gekickt wird. Ein argentinischer Lehrer stellte für seine uruguayischen Schüler die ersten Regeln auf. In Brasilien verbreitete sich das Spiel vor allem bei Kindern und Hobbykickern.

218. C) IST RICHTIG

Das Spielfeld beim Futsal unterscheidet sich von dem des klassischen Hallenfußballs. Früher wurde um das Hallenfeld eine Bande aufgebaut. Wurde der Ball dagegen geschossen, prallte er zurück ins Spielfeld und das Spiel ging einfach weiter. Beim Futsal gibt es keine Bande. Geht der Ball über die Seitenlinie, wird er nicht eingeworfen, sondern auf die Seitenlinie gelegt und von dort eingeschossen.

229

219. B) IST RICHTIG

Beim Futsal geht es vor allem um ein trickreiches Spiel. Den Spielern soll der Ball »am Fuß kleben«, um möglichst viele Tricks ausführen zu können. Ein regulärer Fußball ist in der Halle schwer zu kontrollieren, da er auf dem harten Hallenboden bei einem Aufprall schnell weit springt. Um dies zu verhindern, besteht das Innere des Futsal-Balls aus einem speziellen Material, außerdem ist er nicht so stark aufgepumpt wie ein regulärer Fußball.

220. C) IST RICHTIG

Während es weltweit in Ländern wie Brasilien, Japan oder dem Iran schon seit vielen Jahrzehnten eine professionelle Liga gibt, startete die erste deutsche Futsal-Bundesliga erst 2021. Auch im europäischen Vergleich ist Deutschland damit spät dran: Beispielsweise in den Niederlanden, in Spanien oder Russland wird bereits seit vielen Jahren professionell Futsal gespielt.

221. C) IST RICHTIG

Weil diese spezielle Art des Fußballs so trickreich ist, fallen beim Futsal zwar häufiger Tore per Fallrückzieher – sie zählen aber trotzdem nur einfach. Besondere Regeln gibt es allerdings bei Fouls und Platzverweisen: Die Fouls einer Mannschaft werden zusammengezählt. Ab dem sechsten Mannschaftsfoul bekommt der Gegner einen Strafstoß aus 10 m Entfernung. Bei Fouls im Strafraum gibt es übrigens einen Sechsmeter-Strafstoß. Und wenn ein Spieler eine Rote Karte erhält, darf sich nach zwei Minuten das Team wieder vervollständigen – allerdings mit einem anderen Spieler.

222. B) IST RICHTIG

Beim Futsal gibt es zwei Schiedsrichter, die gleichberechtigt sind. Es ist also nicht so, dass der eine als Assistent des anderen agiert – beide dürfen Entscheidungen treffen. Ähnlich wie beim Handball bewegt sich ein Schiedsrichter auf der einen Seite des Spielfelds, der andere auf der gegenüberliegenden Seite. So haben sie verschiedene Blickwinkel und dadurch einen besseren Überblick.

223. C) IST RICHTIG

Einzig der Fußball-Bundestrainer entscheidet, welche Spieler zur Nationalmannschaft eingeladen werden. Die Vereine haben in der Regel eine sogenannte Abstellungspflicht. In manchen Fällen finden Bundesligatrainer es nicht besonders gut, wenn ihre Spieler zu Länderspielen reisen müssen. Sie befürchten, dass sie sich verletzen könnten oder zu geschwächt zurück zu ihrem Verein kommen könnten. Trotzdem sind die Bundesliga-vereine verpflichtet, ihre Spieler zu den Länderspielen reisen zu lassen.

224. B) IST RICHTIG

Streng genommen ist ein Spieler nur für das aktuell anstehende Länderspiel Nationalspieler. Denn der Bundestrainer nominiert sein Team immer aktuell vor einem Länderspiel. Ausnahmen sind Länderspiel-Reisen, bei denen mehrere Spiele nacheinan-der gespielt werden, oder Turniere wie WM oder EM. Hier bleibt die Mannschaft in der Regel von Beginn bis Ende dieselbe. Aber auch in dieser Zeit könnte der Bundestrainer theoretisch die Spieler austauschen. Insofern ist ein Spieler nicht dauerhaft Nationalspieler, er kann nur immer wieder neu dazu berufen werden.

225. B) IST RICHTIG

Neben der Nationalmannschaft gibt es auch verschiedene Jugendnationalmannschaften. Ihre Auswahl richtet sich nach dem Alter der Spieler. In der U21-Nationalmannschaft dürfen nur Spieler spielen, die bis zu 21 Jahre alt sind – und in der U19-Mannschaft nur solche, die nicht älter als 19 sind. Dieses Prinzip gilt auch für die U17- und die U15-Teams.

226. B) IST RICHTIG

Eine Weltmeisterschaft wird alle vier Jahre ausgetragen. Dabei wechselt auch immer der Ort. Eigentlich sollen sich sogar die Kontinente abwechseln, auf denen die WM gespielt wird. Wenn ein Land bzw. der jeweilige Fußballverband eine Weltmeister-schaft ausrichten möchte, muss er sich bei der FIFA darum bewerben. In einem Auswahlverfahren wird dann entschieden, wo das nächste Turnier gespielt wird.

227. C) IST RICHTIG

Die erste Fußball-Weltmeisterschaft der Geschichte fand 1930 in Uruguay statt. Zu dieser Zeit waren Fernreisen noch eine sehr beschwerliche Angelegenheit, man konnte nicht einfach in ein Flugzeug steigen. Deshalb dauerte die Anreise der euro-päischen Mannschaften Frankreich, Belgien, Jugoslawien und Rumänien auch drei Wochen per Schiff. Im Finale der ersten WM standen sich Uruguay und Argentinien gegenüber. Der Gastgeber gewann das Spiel mit 4:2 und wurde somit erster Weltmeister der Geschichte.

228. C) IST RICHTIG

Brasilien ist mit bisher fünf Titeln der alleinige Rekordhalter der Fußball-Weltmeisterschaft. Italien und Deutschland teilen sich den zweiten Platz, beide Nationalmannschaften konnten jeweils vier Titel gewinnen. Dann folgen Argentinien, Frankreich und Uruguay mit jeweils zwei Siegen. England und Spanien konnten bisher jeweils einmal Fußballweltmeister werden.

229. A) IST RICHTIG

Das eigentliche Finale der Fußball-Weltmeisterschaft 1950 fand in Rio de Janeiro in Brasilien statt. Diese WM wurde noch mit einer Finalrunde ausgespielt, eine K.o.-Runde gab es zu dieser Zeit nicht. Trotzdem entschied das letzte Spiel der Finalrunde, wer Weltmeister werden sollte. Im Maracanã-Stadion drängten sich 200.000 Zuschauerinnen und Zuschauer, um Brasilien gegen Uruguay spielen zu sehen. Am Ende gewann der Außenseiter Uruguay mit 2:1.

230. C) IST RICHTIG

In Europa, Nord- und Südamerika und auch in Asien hatten vor 2010 bereits Weltmeisterschaften stattgefunden. Doch ein afrikanisches Land war zu diesem Zeitpunkt noch nie Ausrichter des Turniers gewesen. Das änderte sich am 11. Juni 2010, als Südafrika als Gastgeber das erste Spiel des Turniers im eigenen Land gegen Mexiko bestritt.

231. B) IST RICHTIG

Im Halbfinale der Weltmeisterschaft 2014 traf Gastgeber Brasilien auf die deutsche Nationalmannschaft. Das Spiel ging als eins der berühmtesten WM-Spiele in die Geschichte ein. Denn eigentlich hatten alle Fans ein knappes Spiel mit leichten Vorteilen bei den Brasilianern erwartet. Aber dann trafen Toni Kroos und André Schürrle jeweils zweimal ins Tor, dazu kamen Treffer von Thomas Müller, Miroslav Klose und Sami Khedira. Weil für Brasilien nur Oscar treffen konnte, endete das Spiel mit dem legendären Ergebnis von 1:7.

232. A) IST RICHTIG

Franz Beckenbauer ist der einzige Deutsche, der sowohl als
Spieler als auch als Trainer Weltmeister wurde. 1974 führte
er die Mannschaft als Kapitän zum Titel im eigenen Land.
1990 war er dann Trainer des Teams, das in Italien Weltmeister
wurde. Sowohl als Spieler als auch als Trainer Weltmeister zu
werden gelang sonst nur dem Brasilianer Mário Zagallo und
dem Franzosen Didier Deschamps.

233. B) IST RICHTIG

Lothar Matthäus stand bei exakt 150 Länderspielen auf dem
Platz. Damit ist er Rekordhalter in Deutschland. Sein erstes
Spiel im DFB-Trikot bestritt er bei der Europameisterschaft
1980, sein letztes bei der Europameisterschaft 2000. Gute
20 Jahre lang war er also Nationalspieler – auch das ist
einsamer Rekord in Deutschland.

234. C) IST RICHTIG

Der erfolgreichste Torschütze der deutschen Nationalmannschaft ist Miroslav Klose. In 137 Spielen erzielte er 71 Treffer.
Mit 16 WM-Toren hat er außerdem die meisten Tore bei Weltmeisterschaften aller Spieler weltweit geschossen. Gerd Müller
ist mit 68 Toren zweiterfolgreichster deutscher Nationalspieler,
Lukas Podolski liegt mit 49 Treffern auf dem dritten Platz.

235. C) IST RICHTIG

Die Fußball-Europameisterschaft wird vom europäischen
Fußballverband, der UEFA, organisiert. UEFA ist die Abkürzung
für den englischen Begriff »Union of European Football
Associations«. Diese »Union europäischer Fußballverbände«
ist neben der EM zum Beispiel auch für die Champions League
und die Europa League zuständig.

236. A) IST RICHTIG

Die Europameisterschaft findet regelmäßig alle vier Jahre statt. Sie ist genau zwischen zwei Weltmeisterschaften platziert. So soll der Fokus voll auf dem europäischen Turnier liegen. Eine Ausnahme stellte nur die EM 2020 dar. Wegen der Corona-Pandemie konnte sie erst 2021 ausgetragen werden.

237. B) IST RICHTIG

24 Nationalmannschaften nehmen an der Europameisterschaft teil. Bei der EM 2016 wurde das Teilnehmerfeld erstmals auf diese Anzahl aufgestockt. Vorher waren es nämlich nur 16 Mannschaften gewesen, die sich für das Turnier qualifizieren konnten. Die heutige Regelung sorgt dafür, dass es nun auch bei einer EM ein Achtelfinale gibt. Zuvor ging es nach der Gruppenphase immer schon direkt mit dem Viertelfinale weiter.

238. A) IST RICHTIG

Als »Europapokal der Fußball-Nationalmannschaften« begann 1927 das erste offizielle europäische Fußballturnier. Es dauerte bis ins Jahr 1930, der erste Sieger war Italien. Dieses Turnier fand danach noch viermal in unregelmäßigen Abständen statt. 1960 gab es dann das erste Turnier, das innerhalb weniger Wochen ausgetragen wurde, damals noch unter dem Namen »Europapokal der Nationen«. Seit 1968 heißt es nur noch Europameisterschaft.

239. B) IST RICHTIG

Der amtierende Weltmeister ist automatisch für das nächste Weltmeister-Turnier gesetzt und muss sich nicht qualifizieren. Bei einer Europameisterschaft ist das anders. Auch der Titelträger muss sich für die kommende Meisterschaft in einer Qualifikationsgruppe durchsetzen.

240. C) IST RICHTIG

Mit jeweils drei Titeln sind die Nationalmannschaften von Deutschland und Spanien die Rekordhalter in Europa. Frankreich und Italien konnten das Turnier zweimal gewinnen. Unter den Nationen, die sich bisher einmal den Titel sichern konnten, sind Portugal und Dänemark.

241. C) IST RICHTIG

Berti Vogts wurde sowohl als Spieler als auch als Trainer der deutschen Nationalmannschaft Europameister. 1972 stand er in der Abwehr der DFB-Auswahl. Im Finale gegen die Sowjetunion (dem heutigen Russland) fehlte er verletzungsbedingt. Das Team gewann auch ohne ihn mit 3:0. 1996 führte Vogts die Nationalmannschaft dann als Trainer zum Europameistertitel. Im Finale gewann Deutschland mit 2:1 gegen Tschechien.

242. A) IST RICHTIG

Cristiano Ronaldo stand 2004 das erste Mal für Portugal während einer Europameisterschaft auf dem Rasen. Auch in den drei darauffolgenden EMs qualifizierte er sich. 2016 konnte er mit seinem Team sogar das Turnier gewinnen. Und auch 2021 stand der Superstar wieder im portugiesischen Aufgebot. Er ist damit der einzige Spieler, der bei fünf Europameisterschaften Spiele bestritten hat.

243. C) IST RICHTIG

Dmitri Kiritschenko benötigte für das schnellste Tor bei einer Europameisterschaft nur etwas mehr als eine Minute. 2004 spielte er mit dem russischen Team in der Vorrunde gegen Griechenland. Nach exakt 67 Sekunden gelang ihm der Führungstreffer. Das Spiel endete 2:1 für Russland.

244. B) IST RICHTIG

Die italienische Torwart-Legende Gianluigi Buffon konnte bei drei verschiedenen Europameisterschaften jeweils mindestens einen Strafstoß parieren. Bei der EM 2008 gelang ihm das gegen Rumänien und gegen Spanien. 2012 hielt er einen Elfmeter gegen England. Und bei der EM 2016 konnte er einen Elfmeter von Thomas Müller entschärfen.

245. B) IST RICHTIG

Bei Weltmeisterschaften spielen nicht nur die Gewinner der Halbfinale im Finale gegeneinander. Auch die Verlierer-Teams treten gegeneinander an: Im sogenannten kleinen Finale wird der Drittplatzierte des Turniers ermittelt. Traditionell gibt es dieses Spiel bei Europameisterschaften nicht. Wer hier im Halbfinale verliert, scheidet also direkt aus.

246. B) IST RICHTIG

Wer das Finale der Europameisterschaft gewinnt, bekommt den »Henri-Delaunay-Pokal« überreicht. Er wurde nach dem französischen Fußballfunktionär benannt, der die Idee für eine Europameisterschaft hatte. Der Pokal ist aus Silber hergestellt, hat eine Höhe von 60 cm und wiegt 8 kg.

247. B) IST RICHTIG

Wenn von der Champions League die Rede ist, nutzen einige Fans, vor allem aber Fußballreporter den Begriff »Königsklasse«. Er soll verdeutlichen, dass an diesem Wettbewerb nur die besten aller Länder – also praktisch die Fußballkönige – teilnehmen.

248. B) IST RICHTIG

Bisher konnten nur drei deutsche Vereine die Champions League bzw. den Europapokal der Landesmeister gewinnen. Der FC Bayern München sticht mit sechs Siegen heraus, er ist auch in europäischen Wettbewerben der beste deutsche Klub. Jeweils einmal konnten der Hamburger SV und Borussia Dortmund die Trophäe für die beste europäische Vereinsmannschaft gewinnen.

249. C) IST RICHTIG

Die Champions League der Frauen konnten bisher vier verschiedene deutsche Teams gewinnen. Der 1. FFC Frankfurt (heute Eintracht Frankfurt) ist dabei mit vier Erfolgen der stärkste Verein. Jeweils zweimal den Pokal in die Höhe stemmen durften die Spielerinnen vom VfL Wolfsburg und vom 1. FFC Turbine Potsdam. Der vierte deutsche Verein ist der FCR 2001 Duisburg. Seine Spielerinnen wurden 2009 die besten Europas.

250. A) IST RICHTIG

Ottmar Hitzfeld konnte mit zwei verschiedenen Vereinen die Champions League gewinnen. 1997 gelang ihm das mit Borussia Dortmund. Das Finale gewannen die Dortmunder gegen Juventus Turin mit 3:1. 2001 hatte Hitzfeld es als Trainer von Bayern München etwas schwerer. Im Finale gegen den FC Valencia gewann seine Mannschaft erst im Elfmeterschießen.

251. B) IST RICHTIG

Lionel Messi war erst 18 Jahre alt, als er sein erstes von vielen Toren in der Champions League erzielte. Im Spiel des FC Barcelona gegen Panathinaikos Athen traf er 2005 in der 34. Minute. Es war bereits das 3:0, am Ende gewann Barcelona mit 5:0.

252. A) IST RICHTIG

Oliver Kahn konnte als Torhüter sowohl die Europameisterschaft als auch den UEFA-Cup und die Champions League gewinnen. 1996 holte er den EM-Titel mit Deutschland, spielte allerdings kein Spiel bei dem Turnier. Im selben Jahr wurde er mit dem FC Bayern München UEFA-Cup-Sieger. 2001 gewann er dann mit den Münchnern die Champions League.

253. B) IST RICHTIG

In der K.o.-Runde der Champions League und der Europa League kann es die besondere Regelung geben, dass auswärts geschossene Tore doppelt berücksichtigt werden. Die K.o.-Phase wird mit einem Hin- und einem Rückspiel ausgetragen. Haben nach beiden Spielen beide Teams dieselbe Punktzahl und auch dieselbe Anzahl an Toren geschossen, kommt das Team weiter, das im Stadion des Gegners mehr Tore geschossen hat. Gibt es auch da keinen Unterschied, geht das Rückspiel in die Verlängerung.

254. C) IST RICHTIG

Sechsmal stand der FC Sevilla im Finale des UEFA-Pokals bzw. der Europa League. Jedes dieser sechs Finalspiele konnte der spanische Verein für sich entscheiden – absoluter Rekord. Die bemerkenswerteste Serie gelang dem Club ab 2014: Er gewann in drei aufeinanderfolgenden Jahren den Titel. Zuletzt siegte Sevilla 2020 im Finale gegen Inter Mailand.

255. C) IST RICHTIG

Im Halbfinalrückspiel konnte der SV Werder Bremen sich knapp mit 3:2 gegen den Hamburger SV durchsetzen. Das dritte Tor der Bremer fiel nach einer Ecke. Und diese Ecke hatte es nur gegeben, weil einem Hamburger Spieler beim Schuss der Ball weggesprungen war, sodass er ins Toraus ging. Der Grund: eine Papierkugel, von der der Ball abgeprallt war. Sie war vorher von Hamburger Fans auf das Spielfeld geworfen worden und hatte also einen großen Anteil daran, dass Bremen und nicht der HSV ins UEFA-Cup-Finale einzog.

256. A) IST RICHTIG

Der letzte Sieger des Pokalsieger-Wettbewerbs war Lazio Rom aus Italien. Im Mai 1999 stand der Verein im Finale gegen den RCD Mallorca. Das Spiel ging denkbar knapp mit 2:1 aus. Als deutscher Vertreter hatte der MSV Duisburg an diesem letzten Pokalsieger-Wettbewerb teilgenommen. Er scheiterte allerdings schon in der ersten Runde am belgischen KRC Genk.

257. C) IST RICHTIG

Der 1. FC Magdeburg ist der einzige Verein der ehemaligen DDR, der einen Europapokal-Titel gewinnen konnte. 1974 stand der Klub im Finale des »Pokals der Pokalsieger«. Gegner war der AC Mailand aus Italien. Magdeburg gewann das Spiel mit 2:0 und wurde so der Pokalsieger der Pokalsieger.

258. C) IST RICHTIG

Einen »Top Club Cup« hat es im europäischen Fußball noch nie gegeben. Dafür aber schon eine ganze Menge verschiedener anderer Wettbewerbe. Die »Conference League« ist die neueste Spielform. Sie wurde zur Saison 2021/2022 eingeführt. Der Intertoto Cup wurde von 1967 bis 2008 ausgetragen. Über ihn konnten sich Vereine für den UEFA-Cup qualifizieren.

259. C) IST RICHTIG

Der Pokalwettbewerb der besten Vereinsmannschaften Südamerikas heißt »Copa Libertadores«. Mannschaften aus zehn Ländern nehmen daran teil, darunter Argentinien, Brasilien und Uruguay. In der Vergangenheit wurde die Copa häufig von den argentinischen Vereinen CA Independiente und Boca Juniors dominiert. In den letzten Jahren konnten aber zunehmend auch brasilianische Klubs den Titel gewinnen.

260. A) IST RICHTIG

Die Champions League Asiens heißt »AFC Champions League«. Am erfolgreichsten waren bisher Mannschaften aus Südkorea und Japan. Aber auch Teams aus Saudi-Arabien, dem Iran und China konnten den Wettbewerb schon gewinnen. Mit den Western Sydney Wanderers war sogar bereits ein australisches Team erfogreich.

261. B) IST RICHTIG

Die Liga der besten afrikanischen Fußballklubs heißt »CAF Champions League«. Sie wird eindeutig von den ägyptischen Vereinen dominiert. Der Al Ahly SC aus Ägyptens Hauptstadt Kairo ist mit 15 Titeln einsamer Rekordhalter. Aus Marokko, dem Kongo und Tunesien kommen die zweitmeisten Titelgewinner.

262. C) IST RICHTIG

An der Klub-Weltmeisterschaft nimmt jeweils ein Vertreter jedes Kontinentalverbands teil, also jeweils ein Verein aus Asien, Afrika, Europa, Nord- und Mittelamerika, Südamerika und Ozeanien. Dazu kommt auch der aktuelle Meister des Gastgeberlandes. Er spielt im Vorfeld ein Qualifikationsspiel gegen den Vertreter Ozeaniens.

263. C) IST RICHTIG

Seit 2005 wird die Weltmeisterschaft für Vereine jedes Jahr ausgetragen. In der Regel findet das Turnier immer am Ende des Jahres statt. In den letzten Jahren gab es aber auch immer wieder Überlegungen, das Turnier mit mehr Mannschaften auszutragen. Dann würde man versuchen, es in den Sommer zu verlegen.

264. C) IST RICHTIG

Toni Kroos nahm bereits fünfmal an einer Klub-WM teil, so häufig wie sonst kein anderer deutscher Spieler: einmal mit dem FC Bayern München und sogar viermal mit Real Madrid. Jedes Mal konnte er mit seiner Mannschaft den Titel gewinnen.

265. C) IST RICHTIG

Sein erstes Bundesligator schoss Henning Bürger für den
1. FC Saarbrücken am 31. Oktober 1992. Genau 3.970 Tage
später – also fast elf Jahre danach – traf er zum zweiten Mal.
Diesmal für Eintracht Frankfurt. Es blieben seine einzigen
Bundesligatreffer.

266. A) IST RICHTIG

Sowohl Anna als auch Yannick Gerhardt spielten für den
1. FC Köln in der Bundesliga. Dass Bruder und Schwester für
denselben Verein gespielt haben, hat es sonst in der Bundesliga noch nie gegeben. Anna stieg mit dem FC 2016 aus der
2. Liga in die 1. auf. Ihr Bruder Yannick hatte schon drei
Jahre zuvor sein Profidebüt in der Herrenmannschaft des
FC absolviert.

267. C) IST RICHTIG

1969 wollten über 40.000 Zuschauer das Derby zwischen
Borussia Dortmund und Schalke 04 im Stadion sehen.
Dortmund spielte damals noch im Stadion »Rote Erde«, das
bei diesem Spiel aus allen Nähten platzte. Nach dem Schalker
Führungstreffer rannten unzählige Fans auf das Spielfeld.
Polizisten versuchten, mithilfe von Schäferhunden das Spiel-
feld zu räumen. In diesem Tumult kam es dazu, dass ein
Polizeihund in den Po des Schalkers Friedel Rausch biss.

268. C) IST RICHTIG

Genau ein einziges Spiel bestritt Jürgen Ey für den FC Bayern
München. Lange Zeit hielt er damit den Rekord für den
Bundesligaspieler mit dem kürzesten Nachnamen – bis die
TSG Hoffenheim im Jahr 2008 in die 1. Liga aufsteigen konnte.
In ihren Reihen stürmte Demba Ba – auch er ist ein Spieler mit
nur zwei Buchstaben im Nachnamen, allerdings mit insgesamt
97 Bundesligaspielen deutlich erfolgreicher als Ey.

269. A) IST RICHTIG

Michael ist der Vorname, der in der Bundesliga-Geschichte am häufigsten vertreten war. Darunter so berühmte Spieler wie Michael Ballack, Michael Rummenigge und Michael Preetz.

270. C) IST RICHTIG

Jean-Eric Maxim Choupo-Moting wurde in Hamburg geboren und spielte bis zur U21 in der deutschen Nationalmannschaft. Aufgrund seiner Kameruner Wurzeln entschied er sich dann aber, für die Nationalmannschaft Kameruns aufzulaufen. Sein erstes Bundesligaspiel bestritt der Stürmer für den Hamburger SV. Die meisten Spiele machte er für Schalke 04.

271. B) IST RICHTIG

Michael Ballack beendete die Saison 2001/2002 als vier-maliger Zweiter. Damals spielte er bei Bayer Leverkusen. Nicht nur die Bundesliga schloss der Verein als Zweiter ab: Leverkusen stand außerdem im DFB-Pokal-Finale und im Finale der Champions League. Beide Spiele verlor der West-klub. Und dann erreichte Ballack mit der Nationalmannschaft zwar das WM-Finale, aber auch hier unterlag sein Team.

272. C) IST RICHTIG

Das hat es in der Bundesliga sonst noch nie gegeben: Hannover 96 schoss im Spiel gegen Borussia Mönchenglad-bach in der Hinrunde der Saison 2009/2010 drei Eigentore. Zwar trafen die Hannoveraner auch drei Mal das gegnerische Tor. Trotzdem ging das Spiel am Ende mit 3:5 verloren.

273. B) IST RICHTIG

Der Hamburger SV verfügt als einziger deutscher Fußballklub (und als einer der wenigen auf der Welt) über einen eigenen Friedhof. Er liegt in unmittelbarer Nähe des Stadions. Hier können sich Fans nach ihrem Tod beerdigen lassen.

274. A) IST RICHTIG

Die offizielle Hymne des 1. FC Union Berlin wird von Nina Hagen gesungen. 1998 wurde »Eisern Union« das erste Mal vorgestellt. Im Text heißt es unter anderem: »Wer spielt immer volles Rohr? Wer schießt gern ein Extra-Tor? Eisern Union, eisern Union!«

275. C) IST RICHTIG

Herbert Grönemeyer ist Verfasser und Interpret des Titels »Bochum«. Eigentlich ist er eine musikalische Liebeserklärung an seine Heimatstadt und war gar nicht als Fußball-Song gedacht. Trotzdem läuft vor Spielen des VfL regelmäßig das Lied im Stadion. Im Text heißt es unter anderem: »Machst mit dem Doppelpass jeden Gegner nass – du und dein VfL. Bochum, ich komm aus dir.«

276. A) IST RICHTIG

Im Stadion des 1. FC Köln ist das gemeinsame Singen der Fans ganz besonders wichtig. Deshalb gibt es viele Lieder, die sich mit dem FC befassen. Die bekannteste Hymne ist sicherlich »Mer stonn zo dir, FC Kölle«, auf Hochdeutsch »Wir stehen zu dir, FC Köln«. Sie wird von der Band »Höhner« (Hühner) gesungen. Im Text heißt es unter anderem: »Ov jung oder alt, ov ärm oder rich – zesamme simmer stark, FC Kölle.« (Ob jung oder alt, ob arm oder reich – zusammen sind wir stark, FC Köln.)

277. A) IST RICHTIG

Jürgen Klopp war als Spieler nur bei einem einzigen Profi-verein aktiv: beim FSV Mainz 05. Dort spielte er zwischen 2001 und 2008, allerdings nie in der 1. Liga. Der Aufstieg in die Bundesliga gelang ihm mit dem FSV erst, als er Trainer der Mannschaft geworden war. Als Spieler bestritt Klopp also kein einziges Bundesligaspiel.

278. A) IST RICHTIG

Jürgen Klopp wurde 2008 als »Brillenträger des Jahres« aus-gezeichnet. Er bekam den Preis für sein vorbildliches Tragen einer Brille verliehen. Deutschlands Trainer des Jahres wurde er auch – allerdings erst einige Jahre später. Auch den Deut-schen Fernsehpreis bekam Jürgen Klopp verliehen: 2006 und 2010 für seine Kommentare bei Fußballberichterstattungen.

279. C) IST RICHTIG

Bei einer Pressekonferenz anlässlich seines Amtsantritts als Trainer beim FC Liverpool wurde Jürgen Klopp auf seinen Kollegen José Mourinho angesprochen. Der hatte sich kurz zuvor als »the special one« (der spezielle Typ) betitelt. Klopp reagierte amüsiert und bezeichnete sich selbst bescheiden als »the normal one« (der normale Typ).

280. C) IST RICHTIG

Im Januar 2020 lag der BVB zur Pause mit 1:3 gegen den FC Augsburg zurück. Erling Haaland wurde in der zweiten Halb-zeit eingewechselt und erzielte noch drei Tore. Nie zuvor hatte das ein Einwechselspieler bei seinem Debüt erreichen können. Am Ende der 90 Minuten gewann Borussia Dortmund das Spiel noch mit 5:3.

281. B) IST RICHTIG

Auch mit dieser Quote stellte Erling Haaland einen neuen Bundesligarekord auf: Nach seinen ersten drei Partien hatte er bereits sieben Treffer erzielt. Drei im ersten Spiel gegen Augsburg, zwei weitere im Spiel gegen den 1. FC Köln und noch einmal zwei gegen Union Berlin. Alle Tore erzielte er übrigens mit dem linken Fuß.

282. A) IST RICHTIG

Erling Haaland ist 1,94 m groß und wiegt rund 90 kg. Trotzdem ist er ein extrem schneller Spieler. Am 28. Spieltag der Saison 2020/2021 stellte er den Geschwindigkeitsrekord der Saison auf. Im Spiel gegen den VfB Stuttgart brachte er es in einem Sprint auf 36 km/h.

283. B) IST RICHTIG

In der ARD-Sportsendung »Sportschau« können die Zuschauer jeden Monat über das »Tor des Monats« abstimmen. Seit über 50 Jahren gibt es diese Abstimmung bereits. Niemand konnte in all diesen Jahren so häufig die Auszeichnung gewinnen wie Lukas Podolski. Insgesamt zwölf Mal wurde er gewählt.

284. A), B), C) IST RICHTIG

Lukas Podolski spielte jahrelang für den 1. FC Köln und die deutsche Nationalmannschaft. So gut, wie er auf dem Platz war, so erfolgreich ist er auch als Geschäftsmann. Schon vor dem Ende seiner Karriere eröffnete er mit Geschäftspartnern sehr verschiedene Ladenlokale überall in Köln. In einem Modegeschäft gibt es von ihm mitentworfene T-Shirts zu kaufen. Außerdem ist Podolski Mitinhaber mehrerer Eisdielen und Döner-Imbisse.

285. C) IST RICHTIG

Lukas Podolski nahm bereits mehrere Lieder mit befreundeten Musikern und Bands auf. 2016 brachte er gemeinsam mit Mo-Torres und Cat Ballou den Titel »Liebe deine Stadt« heraus. Der Song stieg in die offiziellen Charts ein und stand dort auf dem 26. Platz.

286. C) IST RICHTIG

Oliver Kahn war ein herausragender Torhüter. Das bewies er nicht nur in der Nationalmannschaft, sondern auch regelmäßig in der Bundesliga. Insgesamt ließ er bei 196 Spielen kein Tor zu. Dieser Rekord wurde erst 2021 von Manuel Neuer eingestellt.

287. B) IST RICHTIG

Insgesamt drei Eigentore unterliefen Tomislav Piplica in seiner Karriere beim FC Energie Cottbus. Gute zehn Jahre lang spielte er in der Lausitz. Ein ganz besonderes Eigentor fing er sich in der Saison 2001/2002 gegen Borussia Mönchengladbach ein: Ein hoher, langsamer Ball flog Piplica auf den Kopf. Anstatt ihn zu fangen, köpfte er ihn ins eigene Tor.

288. A) IST RICHTIG

Das Derby zwischen Borussia Dortmund und dem FC Schalke 04 ist immer ein ganz besonderes Spiel. Im Dezember 1997 kam es aber zu einem sehr speziellen Ereignis. Bis kurz vor Schluss führte der BVB mit 2:1. Dann bekam Schalke eine Ecke und der Keeper Jens Lehmann lief nach vorne in den gegnerischen Strafraum. Der Eckstoß wurde verlängert und landete auf Lehmanns Kopf. Der traf als erster Torhüter in der Bundesliga aus dem laufenden Spiel heraus ins Tor.

289. B) IST RICHTIG

In Finnland gibt es einen Fußballverein mit dem Namen »FC Santa Claus«. Er spielt in Rovaniemi, einer Stadt in Lappland. Man erzählt sich, dass aus dieser Gegend der Weihnachtsmann komme. Deshalb gaben die Klub-Eigentümer dem Verein diesen Namen.

290. B) IST RICHTIG

In der türkischen Batman Arena trägt Batman Petrol Spor seine Heimspiele aus. Dabei ist der Klub gar nicht nach dem Super-helden benannt, die Spieler laufen auch nicht in Fledermaus-kostümen auf. Die Heimatstadt des Klubs heißt Batman. Sie liegt im Osten der Türkei und hat rund 350.000 Einwohner.

291. B) IST RICHTIG

Die 1. Fußballliga auf Mauritius ist relativ klein. In der Regel nehmen dort nur zehn Mannschaften teil. Eine von ihnen ist der Pamplemousses SC. Er wurde erst im Jahr 2000 gegründet, konnte in den vergangenen Spielzeiten aber immer wieder den Meistertitel gewinnen.

292. C) IST RICHTIG

Im April 2001 fand das WM-Qualifikationsspiel zwischen Australien und Amerikanisch-Samoa statt. Es ist bis heute das Länderspiel mit dem höchsten Sieg einer Mannschaft welt-weit. Australien gewann am Ende mit 31:0. Bester Torschütze: Archie Thompson. Er erzielte insgesamt 13 Treffer.

293. A) IST RICHTIG

Bei der WM 2002 standen sich die Türkei und Südkorea im Spiel um den dritten Platz gegenüber. Südkorea führte den Anstoß aus. Doch die türkischen Stürmer griffen sofort an, eroberten den Ball und stürmten auf das südkoreanische Tor. Hakan Şükür überlegte nicht lange, schloss aus 16 m ab und traf zum 1:0.

294. C) IST RICHTIG

Der englische Schiedsrichter Graham Poll verlor in diesem Spiel ein wenig die Übersicht. Er zeigte dem Kroaten Josip Šimunić eine Gelbe Karte, vergaß aber offenbar, es sich richtig zu notieren. Bei einem weiteren Foul zeigte er ihm nämlich noch einmal eine Gelbe Karte, ohne einen Platzverweis auszusprechen. Erst nach einem dritten Vergehen stellte der Schiedsrichter den Spieler mit Gelb-Rot vom Platz.

295. C) IST RICHTIG

Marina Aufschnaiter leitete das Spiel zwischen dem USV Neulengbach und SKN St. Pölten. Weil es am Ostersonntag stattfand, ließ sie sich etwas Besonderes einfallen. Anstatt den Anstoß durch einen Münzwurf auszulosen, ließ sie die Kapitäninnen der Vereine jeweils ein Osterei aneinanderstoßen. Das Ei der Spielführerin von St. Pölten blieb heil – somit hatte ihr Team Anstoß.

296. B) IST RICHTIG

Vier Tage vor dem Bundesligaspiel zwischen Eintracht Frankfurt und dem Karlsruher SC hatte die Sängerin Madonna ein Open-Air-Konzert im Waldstadion in Frankfurt gegeben. Durch den Bühnenaufbau und die vielen Fans war der Rasen so ramponiert worden, dass das Spiel abgesagt werden musste. Der Schiedsrichter schätzte die Gefahr als zu hoch ein, dass sich Spieler auf dem Rasen verletzen könnten.

297. C) IST RICHTIG

Am 1. April 2011 spielte der FC Schalke 04 gegen FC St. Pauli in Hamburg am Millerntor. Schalke führte schon mit 2:0, als ein Zuschauer seinen vollen Bierbecher auf das Spielfeld warf. Der traf einen der Schiedsrichterassistenten im Nacken. Daraufhin brach Schiedsrichter Deniz Aytekin die Partie ab.

298. A) IST RICHTIG

Unter Fußballern herrscht manchmal der Aberglaube, dass ein Spieler, der im Strafraum gefoult wurde, den fälligen Elfmeter nicht selbst schießen sollte. Zum einen gibt es dafür aber keine offizielle Regel. Und zum anderen sagt die Statistik auch etwas anderes aus: 75 Prozent aller Strafstoß-Schützen treffen. Dabei ist es egal, ob sie der gefoulte Spieler waren oder nicht.

299. A) IST RICHTIG

Mannschaften, die aus der 2. Bundesliga in die 1. aufsteigen, haben es im ersten Jahr am schwersten, die Klasse zu halten. Ungefähr 40 Prozent aller Aufsteiger steigen nach der ersten Bundesligasaison wieder ab.

300. A) IST RICHTIG

Bei vielen Fans hält sich der Glaube, dass die meisten Spiele
mit 2:1 ausgehen würden und dieses Ergebnis deshalb ein
sicherer Tipp bei Tippspielen wäre. Tatsächlich ist das häufigste
Spielergebnis 1:1. Etwas mehr als 10 Prozent aller Bundesliga-
spiele enden mit einem solchen Unentschieden. Danach folgen
die Ergebnisse 2:1 und 1:0.

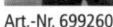